fitness per tutti

bicicletta

fitness per tutti

bicicletta

OLIVER ROBERTS

edizioni red!

Red Edizioni, Milano © 2008
www.rededizioni.it
Coordinamento editoriale
Miryam Lamarque

Realizzazione editoriale
Redint Studio, Milano

Traduzione di Fabio Martini
dall'originale inglese *Beginner's guide to Wheely fit*, Axis Publishing Ltd,
8c Accommodation Road
London NW11 8ED
www.axispublishing.co.uk

Creative Director: Siân Keogh
Editorial Director: Denis Kennedy
Designer: Axis Design Editions
Managing Editor: Conor Kilgallon
Production Manager: Sue Bayliss
Production Controller: Juliet Brown
Photographer: Simon Punter

Stampa
L.E.G.O. Spa, stabilimento di Lavis (TN)

sommario

bicicletta

prima di partire

A questo punto il desiderio sarà quello di balzare in sella. Ma prima di tirare fuori la vostra vecchia bicicletta o di correre al negozio più vicino, è bene tenere conto di alcune cose.

la vostra salute

Siete sportivi, tipi sedentari o una via di mezzo? A parte lo stile di vita, probabilmente avete un'idea del vostro stato di salute. In via precauzionale, è bene farsi visitare dal medico prima di affrontare una nuova attività fisica. Fatevi prescrivere un check-up generale per verificare se ci sono le condizioni per lo sviluppo progressivo di una pratica sportiva.

sapete stare in sella?

Potrà apparire banale, ma non c'è niente di peggio di affrontare una curva in discesa e realizzare all'ultimo momento di non saper frenare, cambiare o mantenere un corretto

gareggiare?

Nessuno naturalmente vi obbliga a gareggiare. È sufficiente divertirsi durante le uscite. Può capitare però che sviluppando l'attività ciclistica sorga in voi il desiderio, o la curiosità, di cimentarvi anche nell'ambito dell'agonismo. Svolgere un'attività agonistica consente di avere obiettivi da raggiungere oltre a rappresentare una chance per poter mantenere alto il livello della propria preparazione atletica, senza ignorare, infine, la soddisfazione che si prova a tagliare la linea del traguardo.

equilibrio sulle due ruote. La cosa migliore è recarsi in un'area tranquilla per acquisire confidenza con il mezzo, prima di gettarsi a capofitto nel traffico. Se ritenete di avere bisogno di un maggior supporto, informatevi se nella vostra zona vengono organizzati corsi per imparare ad andare in bicicletta. Se, invece, siete stati in passato ciclisti attivi ma non salite in bicicletta da più di un anno è preferibile verificare comunque le vostre capacità ciclistiche prima di iniziare gli allenamenti specifici di ripresa (si vedano pp. 66-69).

entrare in una società

Se volete ottenere risultati di maggiore importanza potete iscrivervi a una società ciclistica. Queste strutture solitamente organizzano corsi di avviamento destinati ai principianti e corsi di perfezionamento per i più esperti. Presso il vostro negozio di biciclette potrete trovare indicazioni sulle società ciclistiche della vostra zona. In alternativa consultate il web oppure fate riferimento al sito della Federazione Ciclistica Italiana (www.federciclismo.it).

le categorie

La Federazione Ciclistica Italiana divide l'attività di ciclismo amatoriale in categorie in base all'età, al sesso e al livello di preparazione atletica: ci sono le due categorie master junior maschile e femminile (17-18 anni), solo su attività regionale; la categoria master/sport maschile (19-29 anni) e le 8 categorie master maschile (fino a oltre 64 anni). Per le donne, invece, esistono 3 categorie master (da 1 a 3).

scegliere un club

Potete decidere di andare in bicicletta da soli oppure di iscrivervi a una società ciclistica; nell'ambito del ciclismo amatoriale esistono differenti categorie. Rivolgetevi alla sede a voi più vicina della Federazione Ciclistica Italiana e chiedete informazioni specifiche: saranno lieti di accogliervi.

1

equipaggiarsi

Per ottenere il meglio dall'attività ciclistica non è sufficiente pedalare: la giusta bicicletta, un adeguato abbigliamento e una corretta alimentazione trasformeranno le vostre uscite in esperienze molto più divertenti e proficue.
Nel capitolo che segue troverete indicazioni riguardo alla scelta della bicicletta e all'equipaggiamento necessario per pedalare tutto l'anno. Scoprirete anche che tipo di regime alimentare seguire per mantenere elevata la vostra capacità atletica ed evitare sforzi eccessivi. Troverete inoltre alcuni suggerimenti di carattere psicologico e motivazionale.

anatomia della bicicletta

Una buona bicicletta è lo strumento essenziale per svolgere una corretta attività ciclistica. Ne esistono molti tipi diversi: dai tandem, per due persone, alle cosiddette 'ibride', utili in città come in campagna, dalle mountain bike alle biciclette distese. La bicicletta da corsa è il modello ideale per chi desidera svolgere un'attività fisica regolare o partecipare a sessioni di gare. Qui accanto viene presentata una serie di utili suggerimenti per l'acquisto del vostro nuovo 'destriero'.

e i pedali?

I pedali tradizionali, dotati di cinghiette e puntapiedi, usati fino agli anni Ottanta, sono ormai rari (a meno che non si possieda una bicicletta 'vintage'). I pedali delle moderne biciclette da corsa possono sembrare difficili da usare ma in realtà sono comodi e sicuri. Innanzitutto il piede e il pedale sono agganciati in modo da creare un unico blocco in grado di generare maggiore potenza grazie a un movimento più fluido e omogeneo. Una volta presa confidenza nelle operazioni di aggancio e sgancio, questi pedali risultano assai più sicuri sul piano dell'equilibrio, ma anche in curva e nella pedalata fuorisella.

sella

Ai principianti, le selle appaiono estremamente scomode. La ricerca ha prodotto però selle molto leggere, capaci di assorbire gli urti. In commercio ne esistono per tutte le esigenze.

ruote

Leggere e aerodinamiche, le ruote di una bicicletta da corsa sono facili da rimuovere e hanno una superficie di attrito con l'asfalto estremamente ridotta.

pneumatici

La maggior parte degli amatori utilizza pneumatici con all'interno una camera d'aria. In ambito professionale si utilizzano preferibilmente i tubolari che vengono incollati direttamente al cerchio.

gruppo cambio

Costituito da cinque parti – pedivella, corone, catena, pignoni e deragliatore – rappresenta la parte meccanica più complessa della bicicletta. È qui che la forza impressa dalle gambe si trasferisce alla ruota posteriore.

tubo orizzontale

È la parte superiore del telaio. La sua lunghezza deve essere calcolata in base alle misure del tronco e delle braccia, onde evitare di assumere una posizione troppo distesa o, al contrario, rannicchiata.

manubrio

Il manubrio deve avere una larghezza corrispondente a quella delle vostre spalle. Lo si può impugnare in modi diversi utilizzando come appoggio sia la parte trasversale superiore sia la copertura superiore dei freni. Le curve inferiori possono essere impugnate soprattutto in gara, per aumentare l'effetto aerodinamico, o per un maggiore controllo in discesa o in curva.

freno e cambio

Nelle moderne biciclette da corsa queste due funzioni sono integrate nelle manopole del manubrio. Premendo verso di sé la leva si esercita la frenata; spostando le manopole verso l'interno si determina l'azione del cambio e della moltiplica.

sterzo

La pipa dello sterzo blocca il manubrio e può essere scelta di lunghezza diversa, a seconda delle vostre misure.

telaio

Può essere realizzato con materiali diversi: acciaio, alluminio, titanio e fibra di carbonio. Leggero ma al contempo rigido, è concepito per trasmettere ai pedali tutta la spinta esercitata dalle gambe.

freni

I freni delle biciclette da corsa sono costituiti da un meccanismo di precisione che consente di modulare con precisione l'intensità di frenata. I cuscinetti di gomma, posizionati in corrispondenza del cerchione, devono essere sostituiti spesso per garantire una buona frenata in ogni condizione atmosferica.

pedaliamo

Ora che conoscete le parti fondamentali della bicicletta è il momento di comprarne una. Il luogo migliore è naturalmente un negozio specializzato, anche se oggi è possibile acquistare biciclette di ogni genere nei grandi magazzini, sui cataloghi per corrispondenza, su Internet o di seconda mano.

Il nostro consiglio è quello di acquistarne una nuova, adatta alle vostre misure. Di solito i negozi specializzati forniscono un servizio di misurazione del corpo e degli arti per la scelta del telaio più adatto (conservate queste misure, che potrebbero esservi utili anche in futuro).

cosa scegliere?

Innanzitutto stabilite un budget prima di iniziare la ricerca. Il negoziante vi proporrà di tutto, ma tenete presente che con 1000/1500 euro si può acquistare una bicicletta di buon livello. Ecco alcuni suggerimenti per l'acquisto della nuova bicicletta.

- Chiedete al negoziante se ha telai con qualche piccolo difetto di colore o telai della stagione precedente. Di solito costano meno pur garantendo la medesima qualità di un telaio nuovo.

la pulizia della bicicletta

1. Pulite la bicicletta spesso, utilizzando prima un panno morbido e leggermente umido e subito dopo uno ben asciutto. Fate in modo di pulire bene anche le zone meno accessibili (pedivelle, freni ecc.).
2. Il gruppo del cambio, inclusa la catena e i pignoni, può essere pulito utilizzando un panno e un pennello con un liquido detergente.
3. Eliminate il liquido detergente aiutandovi con acqua e un panno pulito.
4. A questo punto, utilizzando un prodotto specifico, lubrificate il cambio, i pignoni e la catena.
5. Fate attenzione a non ungere con il lubrificante la parte dei cerchioni su cui agiscono i cuscinetti dei freni. Pulite le ruote e i raggi e verificate anche le condizioni dei pneumatici.

■ Scegliete un telaio della giusta misura. In linea di massima, è preferibile acquistare un telaio che sia leggermente sottodimensionato (più rigido e leggero) rispetto a uno troppo grande.

manutenzione

Almeno all'inizio, è bene lasciare gli interventi più complessi al vostro meccanico di fiducia. Gli unici compiti che vi competono sono dunque quelli della pulizia e dell'oliatura che vanno effettuati una volta ogni due settimane.

la posizione in sella

Una volta acquistata la bicicletta è giunto il momento di regolarla al meglio sulla base delle vostre esigenze e misure. Chiedete al negoziante di darvi un parere, soprattutto se vi siete basati sulla sua consulenza per la scelta del telaio; comunque fate riferimento principalmente alle vostre impressioni. Una volta in sella è necessario provare una sensazione di comfort e non di disagio. Per una verifica, provate a salire in sella facendovi aiutare da una persona in grado di sostenere la bicicletta.

altezza della sella

Togliete le scarpe e sedetevi sulla bicicletta con le mani sul manubrio. Appoggiate uno dei due calcagni sul pedale corrispondente ed estendete completamente la gamba in modo che la pedivella sia perfettamente in linea con il tubo del piantone del telaio (quello in cui è inserita la sella). Se la gamba è leggermente flessa dovrete alzare la sella; se, al contrario, il calcagno non tocca il pedale, andrà abbassata.

posizione della sella

Se la sella è troppo arretrata, tenderete ad assumere una posizione eccessivamente distesa che vi impedirà di applicare la giusta forza ai pedali. Per trovare la posizione corretta provate con il seguente metodo: calzate le scarpe, salite sulla bicicletta e sistemate le pedivelle in modo che siano allineate parallelamente al terreno. In questa posizione, facendo calare un filo a piombo dal punto più esterno del ginocchio esso dovrebbe cadere in corrispondenza della metà della scarpa.

abbigliamento estivo

La stagione calda non pone particolari problemi per quanto concerne l'abbigliamento: potete scegliere di vestirvi come preferite anche se gli indumenti tecnici per bicicletta sono più confortevoli

impermeabili
La possibilità di incappare in un piovasco non si può mai escludere. È allora buona norma portarsi dietro una giacchetta leggera e impermeabile che può essere arrotolata e sistemata in una delle tasche della maglietta.

magliette
La possibilità di scelta è davvero notevole, sia in termini di colori, sia di materiali e prezzi. Le magliette sono dotate di solito di ampie tasche in corrispondenza della schiena. Ne esistono anche senza maniche, per le giornate davvero calde: in questo caso ricordate di proteggervi le braccia con una crema solare protettiva.

calzini
Realizzati con materiali in grado di espellere rapidamente il sudore, i calzini tecnici, molto corti per evitare che si impiglino nella catena, sono molto confortevoli e comodi.

guanti
Anche durante la stagione estiva si consiglia l'uso dei guanti. Contribuiscono sensibilmente ad attutire le vibrazioni trasmesse dal manubrio oltre a proteggere in caso di caduta.

e assicurano una rapida eliminazione del sudore.

L'abbigliamento tecnico consente infatti di mantenere il corpo caldo senza stringere, grazie a stoffe leggere e contrassegnate da un'alta capacità di traspirazione.

Le lunghe cerniere sulle maglie permettono poi di alleggerirsi rapidamente in caso di caldo eccessivo.

pantaloncini
Aderenti e dotati di fondello imbottito, sono indicati per i ciclisti di entrambi i sessi. Devono essere indossati senza gli slip, che alla lunga darebbero fastidio. Ne esistono in commercio modelli diversi: corti, lunghi e a salopette, fabbricati solitamente in lycra.

reggiseni
Il reggiseno tecnico rappresenta un indispensabile indumento per le cicliste dato che riduce sensibilmente (fino al 25% rispetto a un reggiseno normale) i movimenti del seno.

abbigliamento invernale

Nonostante la pioggia e il freddo, probabilmente vi capiterà di voler pedalare anche nel bel mezzo della stagione invernale. Le uscite invernali possono essere particolarmente piacevoli purché ci si attrezzi in modo adeguato. Un buona attrezzatura invernale deve essere a prova di vento e sufficientemente impermeabile.

Se, in generale, preferite non coprirvi troppo, può essere comunque una buona idea portarsi dietro una giacca a vento in caso cominciate ad avvertire freddo.

consigli per l'inverno

1 a prova di vento e pioggia
Muoversi in bicicletta incrementa significativamente la sensazione di freddo. I materiali a prova di vento come il Goretex agiranno come una barriera, consentendo al corpo di restare caldo e asciutto. Coprirsi a strati migliorerà l'isolamento termico del vostro corpo.

2 qualcosa in più
In movimento il battito cardiaco e la temperatura del corpo iniziano a salire e si avverte calore, anche se la giornata è fredda. Portatevi dietro un gilet o un capo in più, in caso di abbassamento della temperatura esterna.

3 estremità
Le estremità del corpo (mani, piedi e testa) tendono a raffreddarsi assai rapidamente. Assicuratevi che siano ben protette.

cappello
Un cappellino leggero di lana ma di buona qualità può essere indossato sotto il casco nelle giornate molto fredde. L'ideale è trovarne uno in grado di coprire bene anche le orecchie.

guanti invernali
Le mani, come i piedi, si raffreddano rapidamente e diventa difficile frenare o cambiare marcia con le dita gelate. È preferibile acquistare dei buoni guanti invernali ma comunque flessibili in modo da assicurare il movimento delle dita.

top tecnici
Simili a quelli utilizzati nello sci, i top tecnici con le maniche lunghe possono essere indossati sotto la classica maglietta estiva.

protezioni
Si tratta di accessori assai utili fatti in tessuto elastico e destinati a coprire gambe e braccia in modo da aumentarne l'isolamento termico.

gilet
Si tratta di un capo leggero e senza maniche, spesso impermeabile. Portatevelo dietro, arrotolato in una delle tasche della maglia.

copriscarpe
Fabbricati solitamente in neoprene, rappresentano un accessorio indispensabile in grado di mantenere i vostri piedi caldi e asciutti anche nelle situazioni peggiori.

calzemaglie
Le calzemaglie possono essere indossate sia sopra sia sotto i tradizionali calzoncini. Ne esistono anche di impermeabili in grado di coprire l'intera gamba fino al piede.

maglieria tecnica
Comoda da indossare direttamente sulla pelle e confortevole, questa maglieria rappresenta un eccellente 'primo strato' da indossare durante le uscite invernali.

accessori per la bicicletta

L'attività ciclistica offre una miriade di possibilità di spendere soldi dato che il mercato si arricchisce costantemente di nuovi prodotti. È bene, dunque, scegliere con attenzione, evitando le cose superflue e acquistando invece quelle veramente utili (computer di bordo e cardiofrequenzimetri, luci di sicurezza, occhiali ecc.).

casco

Si tratta di un accessorio assolutamente indispensabile che deve essere indossato correttamente. Leggero ma resistente, può proteggere la testa in caso di caduta.

scarpe tecniche

Le scarpe oggi in commercio sono dotate di aggancio standard per gli attuali modelli di pedali ad aggancio-sgancio rapido. L'attacco può essere lievemente spostato in avanti o indietro a seconda del tipo di pedalata. Le suole sono rigide per trasmettere tutta la potenza al pedale.

occhiali protettivi

La possibilità di scelta è davvero notevole. Scegliete buone lenti con protezione UV e un modello sufficientemente ampio da garantire la protezione degli occhi contro eventuali detriti che si sollevino dalla strada.

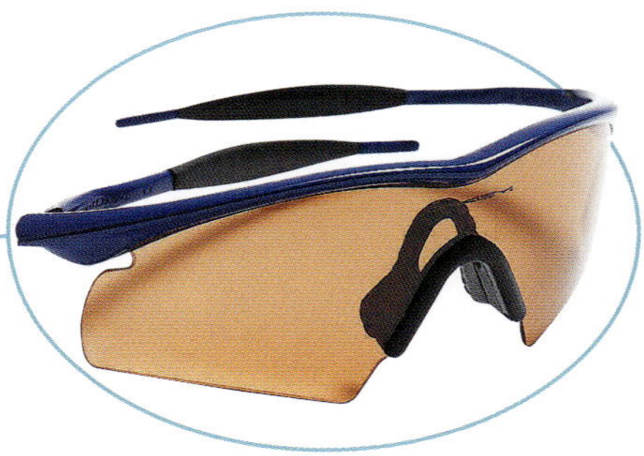

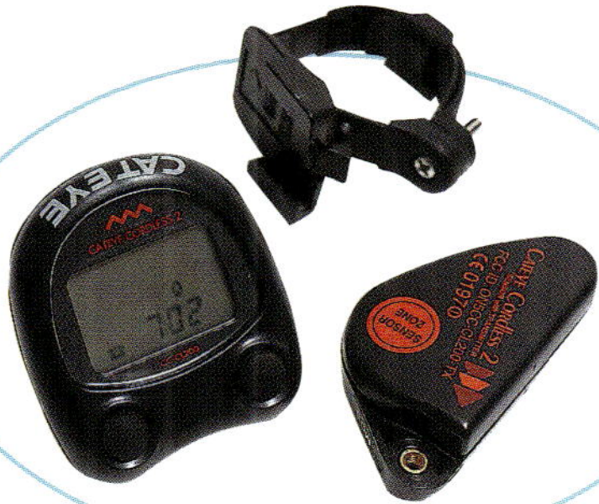

computer di bordo

Rappresenta un accessorio assai utile in quanto consente di conoscere una serie di parametri utili: dai km percorsi (totali e parziali), alla media (totale e parziale), dalla velocità massima, alla frequenza di pedalata.

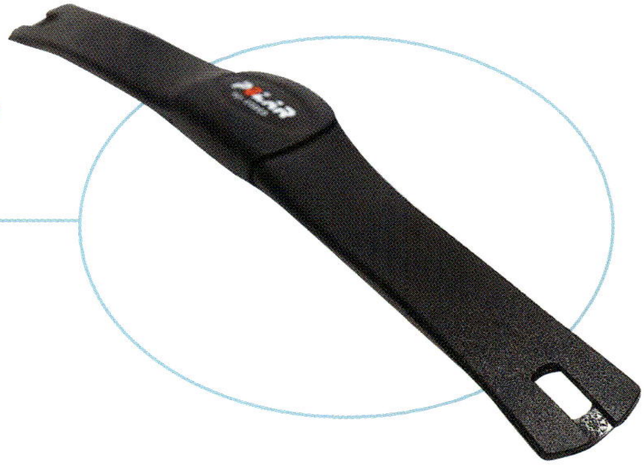

cardiofrequenzimetro

Probabilmente uno degli accessori più utili e apprezzati presenti sul mercato. Deve essere indossato intorno al torace, al di sotto dell'abbigliamento, e permette di monitorare il ritmo cardiaco, un dato essenziale per la valutazione dell'allenamento e della condizione atletica (si vedano pp. 40-41).

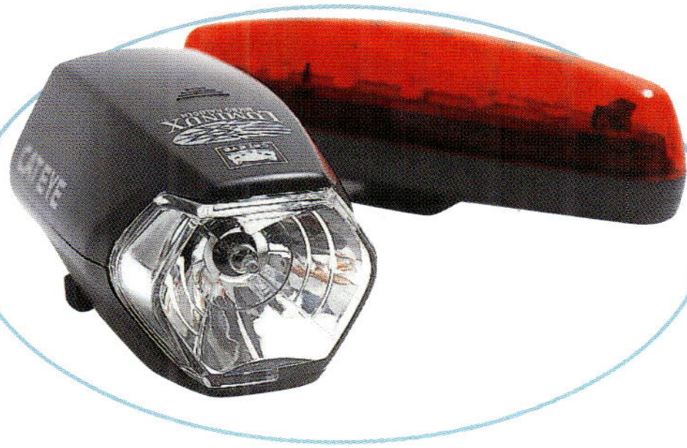

luci

Essenziali se vi capita di allenarvi nelle ore serali o al primo mattino. Una luce lampeggiante rossa è ideale per il retro della bicicletta mentre la luce anteriore deve farvi vedere bene il fondo stradale. Portate sempre batterie di riserva.

pompa

Una pompa leggera da attaccare al telaio è indispensabile dato che la foratura è sempre in agguato. In alternativa, non vi resta che compiere una lunga camminata per raggiungere il primo negozio di biciclette aperto.

è ora di mangiare!

I grassi e i carboidrati, immagazzinati nell'organismo sotto forma di glicogeni, forniscono l'energia necessaria. Le nostre riserve di grasso sono quasi sempre sufficienti mentre risulta assai facile andare incontro a un calo dei glicogeni. Pertanto assicuratevi sempre un'adeguata riserva di carboidrati.

quanto dobbiamo mangiare?

La quantità di cibo di cui necessitate nel corso di una giornata dipende dal tipo di attività svolte.

SESSO

Uomini: 24 calorie per chilogrammo di peso corporeo.
Donne: 22 calorie per chilogrammo di peso corporeo.

VITA QUOTIDIANA

Aggiungete un ulteriore 30-40% per i lavori sedentari e di ufficio.
Per le attività lavorative non sedentarie, aggiungete il 50-60%.

ATTIVITÀ FISICA

Aggiungete 400 calorie per ogni ora di attività ciclistica moderata e 600 calorie per ogni ora di ciclismo a ritmo sostenuto.

CONCLUSIONI...

Una impiegata di circa 60 kg di peso che pratica costantemente il ciclismo per un'ora al giorno necessita delle seguenti calorie:
1320 calorie + (35% x 1320) = 1782 + 400 = 2182 calorie.

COME MANGIARE

IL GIORNO PRIMA

Per la completa metabolizzazione del cibo occorrono dalle 12 alle 24 ore. Dopo una lunga uscita mattutina, pranzo e cena dovranno essere ben bilanciati sotto il profilo dietetico. Ricordatevi inoltre che alimentarsi in modo regolare consente di mantenere elevati i livelli di glicogeno nell'organismo. In tal modo, tutto ciò di cui avrete bisogno sarà già disponibile all'interno del vostro corpo.

PREPARAZIONE

Cibi a base di amidi come la pasta, il pane, il riso o il muesli rilasciano la loro energia più lentamente e in modo costante. Assumete questo tipo di alimenti un'ora prima di iniziare e avrete una lunga riserva di energia disponibile.

IN SELLA

Avrete bisogno di nutrirvi durante le uscite in bicicletta, soprattutto se si protraggono ben oltre 1 ora. Alimenti tecnici come sport drink, barrette, gel o altro, andranno benissimo (si vedano pp. 28-29), ma anche canditi, frutta secca o banane. Alimentatevi ogni 15 minuti quando siete in sella.

BERE SPESSO

La maggior parte delle persone beve poco: una pessima abitudine che è bene abbandonare soprattutto quando si è in sella. Bere aiuta sensibilmente le vostre performance, allevia la stanchezza ed evita il rischio di disidratazione. È indispensabile bere almeno 3/4 di litro ogni mezz'ora, durante le uscite, e una volta terminato l'allenamento dovrete reintegrare acqua considerando circa mezzo litro per ogni mezzo chilo di peso perso.

DOPO L'ATTIVITÀ

Dopo una performance impegnativa, il vostro corpo deve reintegrare energia e proteine. Cercate di mangiare nell'arco di un'ora dalla fine dell'allenamento o della gara. Un'insalata di tonno o di riso e fagioli o cereali con una banana e uno yogurt magro andranno benissimo.

raggiungere il peso forma e mantenerlo

Raggiungere il peso forma e mantenerlo costante richiede attenzione. Se il problema sono i chili di troppo, il segreto è quello di assumere ogni giorno 500 calorie in meno di quelle necessarie o, altrimenti, fare più attività fisica. Ecco alcuni suggerimenti.

1. Praticate attività fisica regolare. Uscite in bicicletta tutte le volte che vi è possibile.
2. Introducete piccole varianti alla vostra dieta. Tendete a mangiare troppo un alimento? Provate a sostituirlo con qualcosa di più leggero (un ghiacciolo o un sorbetto al posto del gelato) e riducete le porzioni.
3. Fate piccoli spuntini con alimenti leggeri come frutta o snack integrali se avete la necessità di bruciare più calorie.
4. Pianificate i vostri pasti. Se sapete cosa dovrete mangiare e quando, incorrerete meno nel rischio di 'sgarrare'.
5. Tenete conto delle porzioni e non delle calorie. Basarsi sul calcolo delle calorie è spesso fonte di ossessioni e depressione.
6. Mangiate molta frutta e verdura. La verdura ha poche calorie ma nutre molto. Fate in modo che ci sia una porzione di verdura in ogni pasto.

alimentarsi in bicicletta

Come già detto, un'assunzione regolare di cibo è essenziale per affrontare lunghi tratti in bicicletta. Più a lungo si pedala, più è importante portarsi dietro una riserva di cibo. Ora si tratta di capire cosa, quanto e quando è utile mangiare.

cosa mangiare?

Molti ciclisti, durante i loro allenamenti, utilizzano con soddisfazione banane, succhi di frutta diluiti, canditi, frutta secca ecc. Altri ritengono che questi alimenti siano scomodi da mangiare mentre si pedala e non sufficientemente energetici. Da un paio di decenni sono disponibili sul mercato cibi e bevande studiati per l'attività sportiva, come, per esempio, gli sport drink, le barrette e i gel, alimenti che vengono facilmente assorbiti dall'organismo e forniscono una immediata risposta energetica. Questi alimenti contengono solitamente elettroliti (si veda box p. 29), polimeri di glucosio o maltodestrine. Ricordate comunque di bere acqua assieme a questi alimenti. Naturalmente le cose possono variare da persona a persona. Il consiglio è quello di fare un po' di esperimenti per trovare gli alimenti ideali per le vostre necessità.

Evitate di alimentarvi durante le vostre uscite in bicicletta con cibi grassi o troppo elaborati dal punto di vista proteico. La loro digestione impegna in modo eccessivo lo stomaco, con conseguente calo delle prestazioni.

quanto?

Il vostro corpo può assorbire fra le 250 e le 400 calorie all'ora, il che equivale circa a un litro di sport drink o a una barretta grande o a 5 banane.

quando?

In linea generale, dovreste mangiare o bere qualcosa a intervalli regolari di 15 minuti. Di seguito trovate alcuni consigli utili a riguardo.

- Bevete una prima sorsata alla partenza e iniziate a mangiare qualcosa dopo circa 20 minuti.
- Mangiate quando il ritmo rallenta.
- Approfittate delle discese (in salita rifocillarsi è pressoché impossibile). Iniziate a mangiare e a recuperare energie una volta giunti sulla cima, ma, mi raccomando, massima attenzione nelle curve!

Nelle lunghe percorrenze il vostro corpo è in grado di assorbire perfettamente sia i cibi solidi, sia i liquidi. Se, invece, siete impegnati in una competizione, evitate di ingerire cibi solidi che appesantiscono lo stomaco. In questi casi è preferibile utilizzare una bevanda tecnica ad alta concentrazione energetica.

che fame!

I ciclisti esperti conoscono bene i pericoli del cosiddetto 'colpo di fame'. Si tratta di una condizione dovuta a un'inadeguata alimentazione durante le lunghe percorrenze o in gara. Questa situazione si innesca tutte le volte che l'organismo, consumata l'energia derivata dai carboidrati, inizia ad accedere ai grassi presenti nel corpo. Metabolizzare i grassi richiede però una maggiore quantità di ossigeno con conseguente aumento del ritmo cardiaco e respiratorio. Tutto diventa improvvisamente più faticoso e il ritmo della pedalata tende irrimediabilmente a rallentare.

un pizzico di sale

Gli elettroliti rappresentano un componente importante nell'alimentazione dei ciclisti. L'assenza di sali minerali, come sodio e potassio, riduce la capacità dell'organismo di assorbire correttamente l'acqua.
Una condizione del genere, assolutamente da evitare, avvia il processo di disidratazione, con nausea e vomito. Prima di acquistare alimenti tecnici assicuratevi dunque che contengano le giuste quantità di sali minerali ed elettroliti.

reazioni a catena

La pratica del ciclismo richiede determinazione. Capita però, soprattutto fra i principianti, di esagerare: questo può portare a traumi o a un eccessivo esaurimento fisico.

traumi

Un trauma viene di solito identificato in base a un dolore specifico avvertito in corrispondenza della zona del corpo coinvolta. Se, per esempio, il vostro ginocchio è dolorante quando pedalate, è probabile che abbiate subito un trauma. In questi casi, scendete dalla bicicletta e riposatevi per un minuto; quindi risalite in sella tenendo un ritmo poco sostenuto e un rapporto leggero. Se il dolore non ricompare, incrementate gradualmente il ritmo, altrimenti ritornate

cadute, incidenti, malattie

CADUTE

Andando in bicicletta può capitare di avere un incidente o una caduta. Nel peggiore dei casi il fatto può portare a un ricovero e a conseguenze anche gravi, ma il più delle volte si risolve con una serie di sbucciature e ammaccature. Il consiglio è quello di rivolgersi a un pronto soccorso. Se pensate che ciò non sia necessario, sospendete gli allenamenti per qualche giorno e riposatevi. Medicate regolarmente le ferite, sostituendo spesso i bendaggi. Fate riferimento al metodo R.G.C.S. per porre rimedio a ferite e abrasioni.

R.G.C.S.

R – riposo
Sospendete gli allenamenti fino alla guarigione evitando di caricare il peso del corpo sull'arto coinvolto.

G – ghiaccio
Applicate la borsa del ghiaccio o qualcosa di molto freddo (una panetto per congelatore avvolto in un telo) in modo da ridurre l'infiammazione. Nelle prime ore questa procedura andrebbe eseguita per almeno 15 minuti ogni ora. Medicate con polvere antibiotica o crema antisettica.

C – compressione
Fasciate bene la parte coinvolta evitando di stringere eccessivamente. L'uso di antinfiammatori non steroidei come, per esempio, l'ibuprofene può essere d'aiuto.

S – sollevamento
Nelle prime fasi del recupero, tenete la parte infortunata sollevata per ridurre l'afflusso di sangue. Questo contribuirà a ridurre i danni a livello tissutale.

lentamente verso casa e applicate il metodo R.G.C.S. (si veda box a p. 30). Se la sofferenza persiste, consultate il vostro medico o uno specialista.

superallenamenti

Capita che, presi dall'entusiasmo, si finisca per esagerare. I sintomi da superallenamento sono ben noti: stato vagamente letargico, ritmo cardiaco alterato, perdita di appetito o improvvisi mutamenti nel bisogno di cibo, calo di peso, sensazione di freddo. È bene in questi casi correre ai ripari. Provate allora a farvi le seguenti domande: dormite a sufficienza? mangiate correttamente? esagerate durante gli allenamenti? Se le risposte sono affermative, sospendete le uscite per qualche giorno per poi riprenderle gradualmente. In questo modo eviterete di peggiorare la situazione e potrete in breve tempo recuperare una forma fisica sana ed equilibrata.

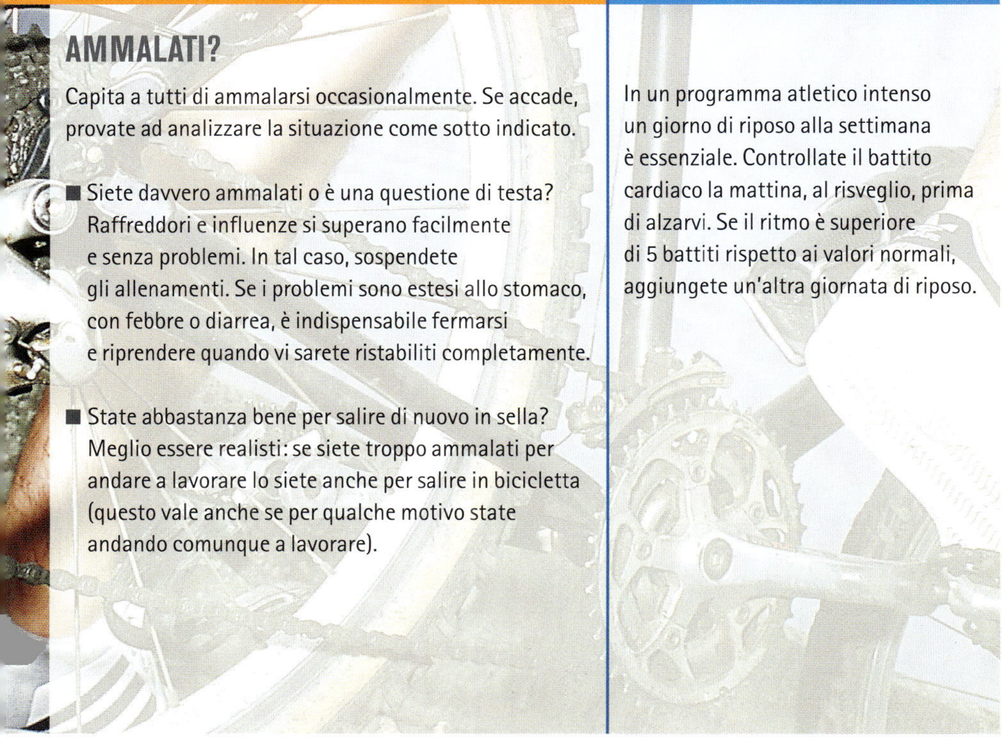

AMMALATI?

Capita a tutti di ammalarsi occasionalmente. Se accade, provate ad analizzare la situazione come sotto indicato.

- Siete davvero ammalati o è una questione di testa? Raffreddori e influenze si superano facilmente e senza problemi. In tal caso, sospendete gli allenamenti. Se i problemi sono estesi allo stomaco, con febbre o diarrea, è indispensabile fermarsi e riprendere quando vi sarete ristabiliti completamente.
- State abbastanza bene per salire di nuovo in sella? Meglio essere realisti: se siete troppo ammalati per andare a lavorare lo siete anche per salire in bicicletta (questo vale anche se per qualche motivo state andando comunque a lavorare).

monitoraggio cardiaco

In un programma atletico intenso un giorno di riposo alla settimana è essenziale. Controllate il battito cardiaco la mattina, al risveglio, prima di alzarvi. Se il ritmo è superiore di 5 battiti rispetto ai valori normali, aggiungete un'altra giornata di riposo.

motivazioni e opportunità

A tutti capita di avere delle giornate in cui l'ultima cosa che si desidera è uscire in bicicletta. È normale non riuscire a rispettare i programmi alla perfezione, ma è indispensabile non perdere l'entusiasmo. Vediamo come rimanere motivati.

avere un obiettivo

Un obiettivo o una meta da raggiungere rappresentano un modo eccellente per motivarsi. Ma è necessario d'altra parte essere realisti e non aspirare a risultati inarrivabili. Se siete principianti, l'obiettivo può essere quello di pedalare per 1 ora senza fermarsi. Se invece siete ciclisti più esperti, una distanza di 160 km o una cronometro su 16 km possono rappresentare un eccellente risultato.

organizzatevi

Pianificate la vostra attività. Se dovete perdere peso o raggiungere una determinata distanza, finalizzate gli allenamenti a questi obiettivi.

gradualità

Una volta fissato l'obiettivo annuale, articolate l'allenamento su tappe progressive, fissando piccole mete da raggiungere man mano. Un giorno alla settimana fate un allenamento più intenso.

divertitevi

Questo è l'aspetto essenziale. Il rischio è infatti quello di perdere il piacere di pedalare lasciando spazio all'ossessione per la forma fisica e il risultato. Si può pedalare una vita solo per il piacere di assaporare il paesaggio o riuscire ad andare lontano contando solo sulle proprie forze. Veloci o lenti, non ha importanza.

provate a motivarvi

Ecco alcuni suggerimenti in caso di calo motivazionale.

	Problema	Soluzione
1	**Problema:** esco tutti i giorni, ma mi annoio.	**Soluzione:** sospendete le uscite per una settimana e fate qualcosa di interessante.
2	**Problema:** mi sento un po' solo quando me ne vado in giro.	**Soluzione:** iscrivetevi a una società o stimolate qualche amico a praticare il ciclismo.
3	**Problema:** sono tutti più veloci di me.	**Soluzione:** ignorateli. Focalizzate la vostra attenzione sui vostri progressi.
4	**Problema:** non sempre mi sembra un'attività accattivante.	**Soluzione:** cambiate bicicletta, comprate nuovi accessori.
5	**Problema:** il lavoro mi impegna troppo.	**Soluzione:** andate a lavorare in bicicletta. È un eccellente esercizio e la forma non vi mancherà.

Provate a tenere un diario delle vostre uscite. Abituatevi anche a pianificare le sessioni di allenamento, registrando tempi e sensazioni. Tenete nota dei vostri miglioramenti. Date spesso un'occhiata al diario, vi farà rammentare del vostro impegno e testimonierà dei risultati ottenuti. Si tratta di un eccellente sistema per motivarsi e proseguire nella pratica di questo bellissimo sport.

2

alleniamoci

In generale, i ciclisti concordano nel sostenere che uno dei sistemi migliori per sviluppare le proprie capacità atletiche è quello di seguire uno specifico programma di allenamento. Se ciò vi appare troppo pesante o difficile da sostenere, prendetevi del tempo. Del resto, nessuno vi obbliga. Il maggior beneficio di un programma di allenamento è che struttura la vostra settimana, dandovi una serie di obiettivi precisi. Con il passare del tempo, avrete la grande soddisfazione di verificare i risultati raggiunti.

In questo capitolo, imparerete a conoscere differenti forme di allenamento. Inoltre, seguire i programmi farà di voi un ciclista esperto, in grado di affrontare lunghe percorrenze o di partecipare a competizioni.

individuate il vostro livello

I programmi presentati fanno da linee guida per migliorare il proprio livello sia tecnico, sia atletico. È però bene ascoltare il proprio corpo e non esagerare.

L'allenamento è solitamente associato al mondo delle competizioni. In realtà, tutte le volte che uscite per fare un giro sulla bicicletta vi state allenando. Nel presente capitolo, vengono illustrati programmi di allenamento per due tipologie di ciclista: da un lato quello che punta a raggiungere obiettivi specifici grazie a programmi mirati, dall'altro, abbiamo il ciclista non interessato all'agonismo.

Essi disporranno di una serie di programmi ripetibili, organizzati sulla base di 4 settimane di allenamento, e strutturati per raggiungere una buona forma fisica. Sono poi presenti

scegliete il vostro programma

1 livello di partenza 1	2 livello di partenza 2	3 livello di ripresa
pp. 60-61	pp. 62-65	pp. 66-69
Per ciclisti alle prime armi. Prevede uscite 4 volte alla settimana con graduale incremento della durata. Il programma mira alla formazione di una sufficiente forma fisica e di una esperienza ciclistica di base.	Per i principianti con un mese di esperienza. Prevede 4 uscite alla settimana con un graduale incremento della distanza e della velocità. Consente una discreta preparazione atletica e vi prepara all'iscrizione a una società ciclistica.	Per i nuovi ciclisti che mirano a obiettivi specifici e per i ciclisti esperti che riprendono dopo un periodo di inattività. Prevede uscite 4 o 5 volte alla settimana con progressivo incremento delle distanze e dei tempi. Il programma è finalizzato allo svolgimento di uscite di 160 km e alle attività presso società ciclistiche.

specifiche trattazioni relative all'allenamento in salita, in discesa, in curva, allo sprint, alla corsa in gruppo e a tempo.

Non mancano poi indicazioni su come pianificare la propria attività durante tutto l'anno. Infine una serie di suggerimenti concernenti lo stretching e gli allenamenti da svolgere a casa con i pesi o gli attrezzi.

4 livello intermedio	5 livello per esperti 1	6 livello per esperti 2
pp. 70-75	pp. 76-81	pp. 82-87
Per ciclisti che desiderano impegnarsi in modo più continuativo nell'ambito agonistico.	Per ciclisti con una stagione di attività agonistica alle spalle, desiderosi di migliorare le proprie prestazioni.	Per ciclisti con più stagioni di attività agonistica alle spalle interessati allo sviluppo ulteriore delle proprie capacità atletiche.
Prevede da 4 a 6 uscite alla settimana con l'attuazione di obiettivi tecnici e atletici mirati.	Prevede da 4 a 6 uscite settimanali strutturate per il raggiungimento di obiettivi specifici.	Prevede 6 uscite settimanali per complessive 20 ore di allenamento.
Si tratta di un programma finalizzato alle uscite fino a 160 km e alla partecipazione alle gare, anche a cronometro.	L'ambito è prettamente agonistico, con programmi di sviluppo atletico orientati al raggiungimento di risultati anche nelle gare a cronometro.	Anche in questo caso l'ambito è agonistico, con programmi di sviluppo atletico orientati al raggiungimento di risultati anche nelle gare a cronometro sui 40 km.

il ciclo delle stagioni

Il ciclismo può essere praticato anche quando le condizioni atmosferiche non sono ottimali. Non è infrequente vedere gruppi di ciclisti allenarsi anche nelle più rigide giornate invernali. Per quanto concerne le attività agonistiche sono di solito concentrate nel periodo che va dalla primavera all'autunno con l'eccezione delle gare di ciclo-cross che si svolgono anche in pieno inverno. La vostra preparazione atletica dovrà comunque essere modulata su questa stagionalità, come illustrato nella pagina a fianco.

cosa fare e cosa non fare in allenamento

cosa fare

Svolgete la vostra preparazione atletica senza troppa fretta. Lo sviluppo della muscolatura richiede tempo, in modo da evitare traumi o incidenti.

cosa fare

Prendersi dei giorni di riposo è essenziale per lo sviluppo della forma fisica. Riposate un giorno alla settimana.

cosa fare

Siate tenaci: allenarsi regolarmente consente di ottenere i migliori risultati.

cosa fare

Partite sempre con un rapporto leggero, in modo da non affaticare troppo presto le gambe (circa 90 giri di pedivella al minuto). Utilizzate rapporti più duri solo quando il programma di allenamento lo richiede (si vedano pp. 43 e 87).

cosa fare

Riscaldate e defaticate il corpo prima e dopo ogni sessione di allenamento. Il consiglio è di pedalare per 10 minuti con un rapporto molto leggero all'inizio e alla fine di ogni sessione. Una volta scesi dalla bicicletta fate un ciclo di esercizi di stretching.

cosa non fare

Non incrementate il programma di allenamento più del 15% ogni settimana.

cosa non fare

Non saltate gli allenamenti a meno che non siate malati o particolarmente stanchi.

su che cosa concentrarsi e quando

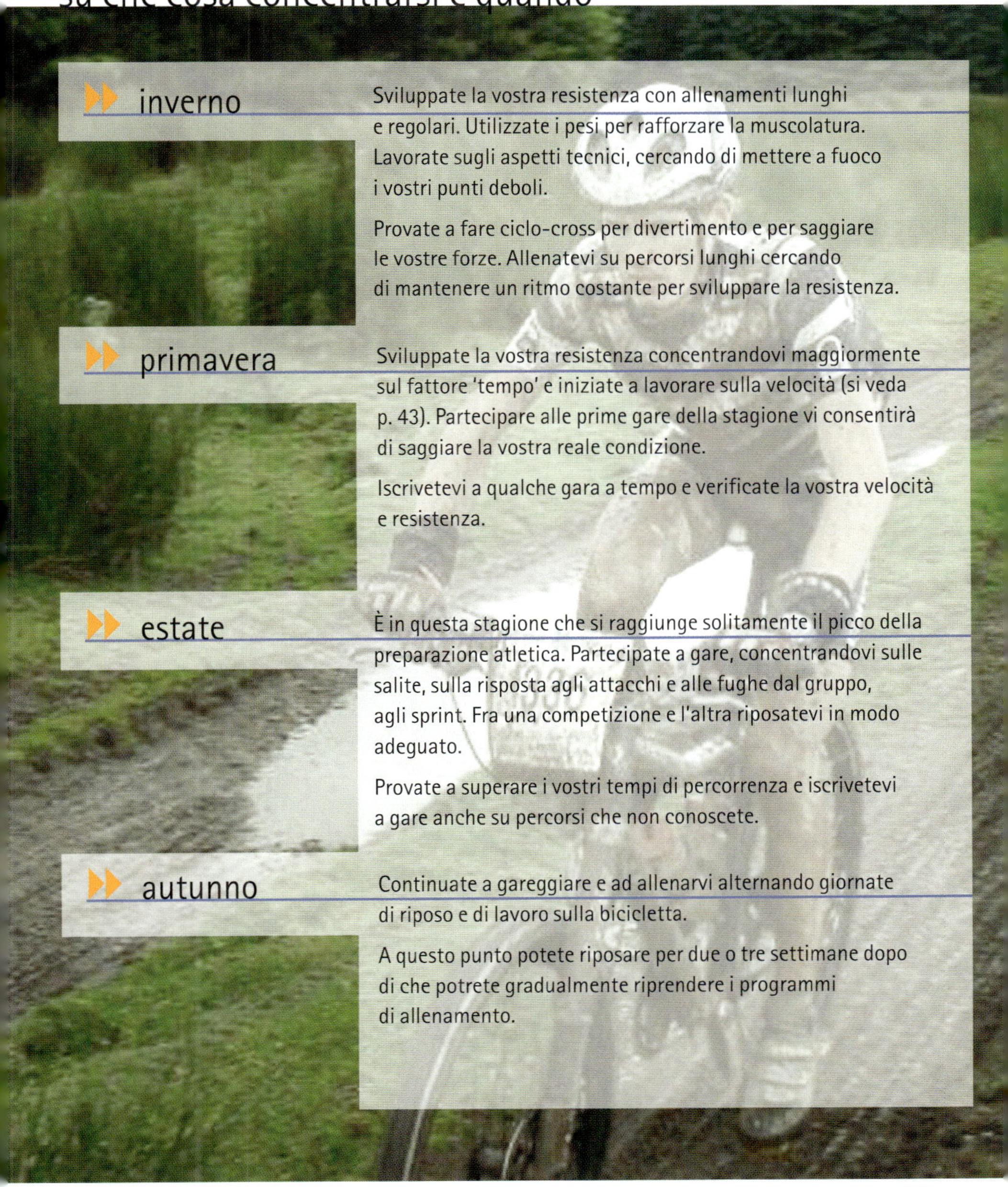

inverno

Sviluppate la vostra resistenza con allenamenti lunghi e regolari. Utilizzate i pesi per rafforzare la muscolatura. Lavorate sugli aspetti tecnici, cercando di mettere a fuoco i vostri punti deboli.

Provate a fare ciclo-cross per divertimento e per saggiare le vostre forze. Allenatevi su percorsi lunghi cercando di mantenere un ritmo costante per sviluppare la resistenza.

primavera

Sviluppate la vostra resistenza concentrandovi maggiormente sul fattore 'tempo' e iniziate a lavorare sulla velocità (si veda p. 43). Partecipare alle prime gare della stagione vi consentirà di saggiare la vostra reale condizione.

Iscrivetevi a qualche gara a tempo e verificate la vostra velocità e resistenza.

estate

È in questa stagione che si raggiunge solitamente il picco della preparazione atletica. Partecipate a gare, concentrandovi sulle salite, sulla risposta agli attacchi e alle fughe dal gruppo, agli sprint. Fra una competizione e l'altra riposatevi in modo adeguato.

Provate a superare i vostri tempi di percorrenza e iscrivetevi a gare anche su percorsi che non conoscete.

autunno

Continuate a gareggiare e ad allenarvi alternando giornate di riposo e di lavoro sulla bicicletta.

A questo punto potete riposare per due o tre settimane dopo di che potrete gradualmente riprendere i programmi di allenamento.

iniziate a pedalare 1

Il ciclismo non è necessariamente uno sport duro e nessuno vi obbliga a viverlo in modo competitivo. Capita però di porsi dei traguardi, non importa se piccoli o grandi. Nelle quattro pagine che seguono troverete indicazioni specifiche su come misurare e valutare il vostro ritmo cardiaco oltre a suggerimenti su quali tipi di allenamenti svolgere per migliorare le vostre prestazioni.

una faccenda di cuore

Il cardiofrequenzimetro rappresenta uno strumento fondamentale per l'allenamento. A differenza della velocità, che può variare in base alle condizioni, il battito cardiaco è il principale indicatore dello sforzo fisico. Numerosi sono i modelli disponibili in commercio, generalmente molto semplici da usare (si veda p. 23).

parametri cardiaci

Per praticare il ciclismo è necessario conoscere il proprio massimo ritmo cardiaco (MRC), che viene misurato in battiti al minuto (bpm). I principianti o i ciclisti sovrappeso (con una percentuale di grassi corporei superiore al 20%) possono utilizzare la formula indicata nel box sottostante.

Naturalmente, si tratta di un valore approssimativo. Per un calcolo esatto è necessario svolgere il seguente test in salita. Lo possono fare solo i ciclisti che hanno superato i livelli iniziali (si vedano pp. 8-9) dato che si tratta di

massimo ritmo cardiaco (MRC)

UOMINI: 214 – (0,8 x anni di età)
DONNE: 209 – (0,9 x anni di età)
Quindi nel caso di un uomo di trent'anni si procederà al seguente calcolo:
0,8 x 30 = 24
214 – 24 = 190 (bpm)

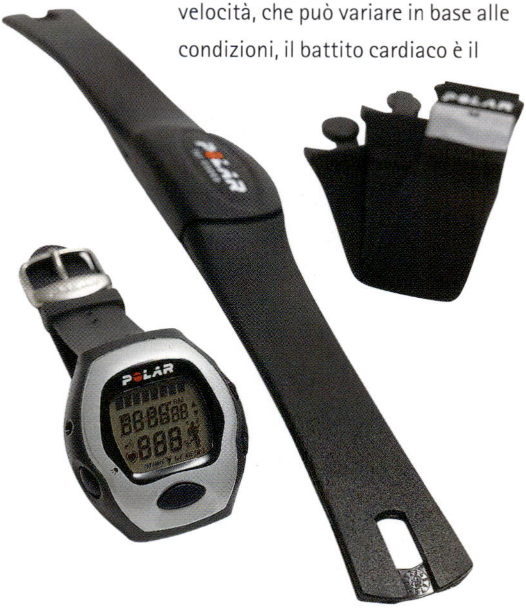

Il sensore inserito in una banda da avvolgere intorno al torace e il monitor da polso su cui sono visualizzati i dati sono le parti che costituiscono i cardiofrequenzimetri.

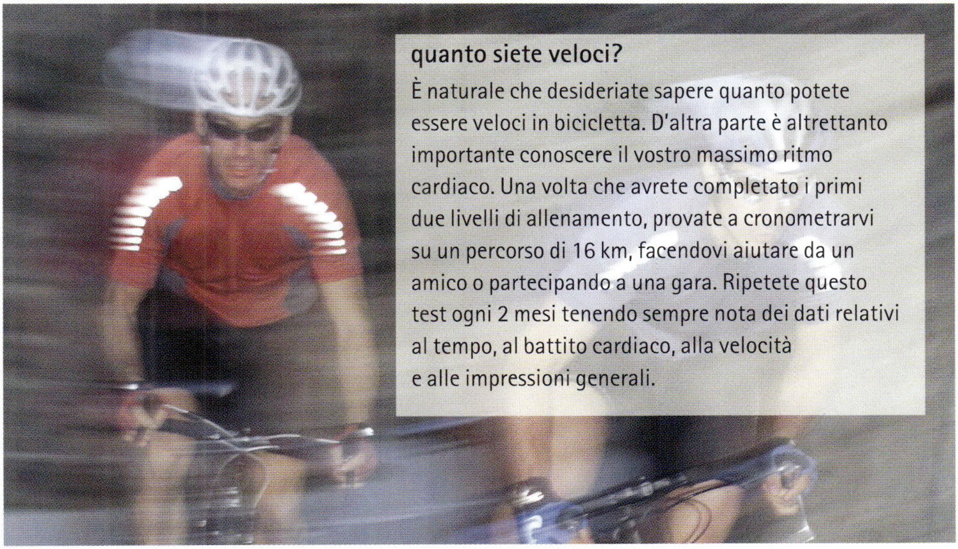

quanto siete veloci?

È naturale che desideriate sapere quanto potete essere veloci in bicicletta. D'altra parte è altrettanto importante conoscere il vostro massimo ritmo cardiaco. Una volta che avrete completato i primi due livelli di allenamento, provate a cronometrarvi su un percorso di 16 km, facendovi aiutare da un amico o partecipando a una gara. Ripetete questo test ogni 2 mesi tenendo sempre nota dei dati relativi al tempo, al battito cardiaco, alla velocità e alle impressioni generali.

una prova piuttosto faticosa. Pedalate lentamente dai 15 ai 60 minuti lungo una salita (non più ripida del 7%) per la quale impieghereste normalmente dai 5 ai 30 minuti. Inserite un rapporto adatto e percorrete la salita pedalando con la massima intensità possibile. Una volta arrivati in cima, ridiscendete e ripetete il test. Controllate i dati del vostro cardiofrequenzimetro: dovreste aver raggiunto il vostro massimo ritmo cardiaco durante la seconda salita.

MRC e percentuali

La maggior parte dei programmi di allenamento di questa guida fornisce il dato in percentuale relativo al possibile ritmo cardiaco conseguente allo sforzo (si vedano pp. 42-43).

Per calcolare queste percentuali partite dal vostro MRC da cui dovrete sottrarre il ritmo cardiaco a riposo (rilevato la mattina prima di alzarsi dal letto). Se il vostro MRC è di 190 bpm e il vostro battito a riposo di 50 bpm, il ritmo cardiaco durante l'attività sarà di 140 bpm. Se il programma di sessione indica una percentuale del 75%, calcolate il 75% di 140 (105) e aggiungete il valore del vostro bpm a riposo. Il risultato, 155 bpm, rappresenta il valore da raggiungere in quella determinata sessione di allenamento.

Calcolate in anticipo le diverse percentuali e annotatele sul vostro diario in modo da avere i parametri sempre disponibili.

iniziate a pedalare 2

Ora che avete imparato a misurare i vostri sforzi, iniziate a prepararvi alle sessioni di allenamento.

Ecco come sono strutturati i programmi proposti nella presente guida.

Tutte le sessioni di allenamento indicate possono essere svolte sia in pianura, sia in aree collinari (a eccezione della sessione di riposo). Praticate l'allenamento in base alla vostra capacità di resistenza e al tipo di terreno su cui si svolgono solitamente le gare a cui intendete partecipare.

tipologie di allenamento

SESSIONE	ATTIVITÀ	RITMO CARDIACO	IMPRESSIONI
RIPOSO	Uscita in pianura o su colline poco elevate	60%	Facile, rilassante
RESISTENZA	Uscita su lunga distanza	65%	Comodo
FONDO	Pedalate a 70/80 giri al minuto	70%	Impegnativo
TEMPO	Lunghi sforzi intervallati da brevi riposi	75%	Intenso
VELOCITÀ	Sforzi più prolungati e riposi più lunghi	80–85%	Molto intenso
SPRINT	Scatti di 15/30 secondi	Diminuire durante la giornata	
SCATTI	Fatevi aiutare da un compagno: dopo il suo scatto cercate di riprenderlo		
POTENZA	Sforzi con un rapporto grande	Faticoso per le gambe, ma non per il cuore	

allenamenti basati sullo sforzo

I programmi proposti in questa guida includono 4 principali modalità di allenamento sotto sforzo (sforzi separati da periodi di riposo) concepite per raggiungere specifici obiettivi. Questo tipo di lavoro deve essere affrontato dopo il superamento dei due livelli base (si vedano pp. 60-65).

1	**TEMPO** Questi esercizi sono pensati per sviluppare la muscolatura delle gambe e la velocità di pedalata. Sono utilissimi per prepararsi alle gare a tempo e quando si è in testa al gruppo.	**ESECUZIONE** Dai 3 ai 5 sforzi in 5-15 minuti con ritmo cardiaco al 75%. **RIPOSO** Riposate per 2-3 minuti facendo scendere il ritmo cardiaco al 60%.
2	**LAVORO SULLA VELOCITÀ** Sforzi leggermente più brevi concepiti per incrementare il vostro ritmo e la capacità di sostenere una pedalata intensa.	**ESECUZIONE** Dai 4 ai 6 sforzi per una durata rispettiva dai 3 ai 6 minuti con ritmo cardiaco all'85%. **RIPOSO** Riposate per 30-120 secondi, a seconda dello sforzo compiuto.
3	**POTENZA** Questi esercizi, non particolarmente pesanti per cuore e polmoni ma impegnativi per le gambe, devono essere compiuti usando la moltiplica più grande e il pignone più piccolo a 50-70 giri al minuto. Possono essere compiuti sia in pianura (per sviluppare la vostra abilità nelle gare a tempo) sia in collina (per accrescere la vostra potenza in salita).	**ESECUZIONE** Dai 3 ai 2 sforzi per una durata rispettiva di 5-10 minuti a 4-5 sforzi per una durata di 3-5 minuti. **RIPOSO** Riposate dai 3 ai 10 minuti a seconda dello sforzo compiuto.
4	**SPRINT** Questi esercizi devono essere compiuti pedalando in piedi sui pedali e con rapporti differenti su terreni sia pianeggianti sia collinari, in discesa come in salita. I valori cardiaci sono meno rilevanti in questo tipo di allenamento anche a causa della scarsa durata degli scatti. L'importante è cercare di andare al massimo della velocità.	**ESECUZIONE** Dai 4 ai 12 sprint per una durata rispettiva di 15-30 secondi. **RIPOSO** Riposate dai 2 ai 5 minuti facendo scendere il ritmo cardiaco al 60%.

affrontare le salite

La salita rappresenta una delle grandi sfide del ciclismo: raggiungere la cima di una montagna infonde grande soddisfazione e appagamento.

la tecnica di salita

Iniziate pedalando seduti con un rapporto comodo e focalizzate l'attenzione sulla fluidità della pedalata e sulla plasticità del movimento. Respirate a ogni giro e cercate di trovare il ritmo personale senza premere eccessivamente sui pedali o senza farvi condizionare da chi è più allenato e veloce. Rammentate che state contrastando la forza di gravità e che ci vorrà un po' di tempo prima di acquisire velocità e sicurezza. Il segreto sta nel pedalare velocemente senza stancarsi e senza forzare.
Se attaccate la salita con foga e a un ritmo esagerato finirete per stancarvi e sarete costretti a fermarvi.

aiuto! non ce la faccio proprio

Se non siete grandi scalatori ma desiderate unirvi a un gruppo di ciclisti esperti, ci sono due cose che potete fare.

1. Iniziate la salita in testa al gruppo. Individuate un ritmo adeguato alle vostre possibilità e cercate di mantenerlo.

2. Quando iniziate a sentirvi stanchi rientrate nel gruppo lasciando agli altri il compito di dare il ritmo. Cercate di posizionarvi alle spalle del primo (se vi è possibile). Se non ce la fate, fatevi superare progressivamente fino a quando sarete arrivati in cima.

- Inserite sempre una salita nei vostri percorsi.
- Sviluppate la muscolatura delle gambe utilizzando macchinari da palestra durante il periodo invernale.
- Affrontate ripetutamente salite lunghe e graduali in modo da sviluppare la vostra capacità aerobica.
- Provate a fare dei piccoli strappi in salita intervallati da fasi di riposo. Affrontate salite con gradienti di pendenza differenti.
- Allenatevi ad affrontare le salite sia con la tecnica del fuorisella, sia rimanendo seduto. Fate in modo che la pedalata sia fluida e omogenea.

seduto o sui pedali?

La salita si può affrontare in due modi: rimanendo seduti e muovendosi leggermente avanti e indietro sulla sella in modo da far lavorare tutti i muscoli oppure utilizzando la tecnica del fuorisella. Quest'ultima consente, con il giusto allenamento, di aumentare il proprio ritmo. È un po' come danzare con la bicicletta: il vostro corpo oscilla leggermente a destra e a sinistra seguendo la pedalata che col tempo diverrà sempre più fluida e costante.

le pendenze

1	**pianura:** percorso pianeggiante con al massimo qualche cunetta o un ponte da superare.
2	**falso piano:** una leggerissima salita.
3	**piano ondulato:** alternanza di leggere salite, pianori e discese.
4	**collina:** alternanza di salite e discese anche ripide.
5	**media collina:** serie di salite e discese anche ripide, con possibilità di tornanti.
6	**alta collina:** salite fino a 6 km con possibilità di tornanti.
7	**montagna:** salite di oltre 6 km con frequenti tornanti e possibili sbalzi di temperatura.

la discesa

La discesa è appassionante ma anche pericolosa. Indossate sempre il casco ed evitate rischi inutili soprattutto durante le competizioni.

Affrontare una lunga discesa in bicicletta è un'esperienza eccitante in grado di ripagare la fatica provata nel corso della salita.

Non si deve mai dimenticare che la discesa è molto impegnativa dal punto di vista tecnico: si possono raggiungere velocità notevoli (oltre i 60 km/h) con conseguente aumento dei rischi di caduta.

la tecnica di discesa

Percorrere con sicurezza una discesa è innanzitutto una questione di attenzione. Lo sguardo deve essere rivolto costantemente alla strada per evitare buche o ostacoli. Arretrate sulla sella e mantenete una posizione ben distesa, con le mani appoggiate sulla parte inferiore del manubrio e le dita pronte ad azionare i freni. Utilizzate i pignoni più piccoli in modo da ridurre la velocità di pedalata e assicurare una maggiore stabilità al mezzo. In caso di piccole cunette o fondo accidentato sospendete la pedalata tenendo le pedivelle parallele al terreno e sollevandovi leggermente dalla sella. Nelle curve alzate sempre il piede interno in modo che non tocchi il terreno. Evitate anche di allargare il ginocchio come fanno i motociclisti. Per aumentare il grado di aerodinamicità stringete le ginocchia facendole aderire al telaio.

aiuto! ho paura della discesa

Alcuni ciclisti sono spaventati dalla discesa. È un problema risolvibile dato che si può scendere velocemente e in sicurezza.

1. Chiedete a un amico esperto di aiutarvi e inziate a scendere restando a circa 8-10 m di distanza da lui e cercando di percorrere esattamente le sue traiettorie sulle curve.

2. Rilassate la muscolatura in modo da evitare di irrigidirvi in prossimità delle curve o di fondo accidentato.

perfezionate la tecnica di discesa

Una volta acquisita la tecnica base provate a sperimentare le seguenti varianti: allungatevi, tenendo le mani sulla barra orizzontale del manubrio e sollevando leggermente il sedere dalla sella. Dovrete abbassare la testa, che sarà leggermente incassata fra le braccia così da diminuire l'impatto con l'aria.

Se invece desiderate ridurre la velocità, sollevate il busto perpendicolarmente al terreno in modo da provocare un effetto 'vela'. La velocità tenderà a ridursi rendendo meno necessario l'uso dei freni. Ricordate che nelle lunghe discese i freni tendono a surriscaldarsi, riducendo il potenziale di frenata.

curvare in discesa

Arretrate sulla sella in modo da spostare il peso sulla ruota posteriore e riducete la velocità, frenando leggermente prima di imboccare la curva. Evitate di raggiungere velocità eccessive in caso di pioggia o di nebbia, rischiereste inutilmente.

pedalare in curva

Spingere in avanti la bici, mentre vi sedete, è il tocco finale di uno sprint. Ciò vi darà un'ultima spinta per raggiungere la linea del traguardo.

Scattare e piegarsi in curva sono due delle più importanti abilità per chi gareggia. La capacità di mantenere una certa andatura mentre ci si piega e di uscire veloci dalle curve è molto importante nelle gare su circuito.

come sterzare

Le abilità da possedere per piegare sono molte di più di quelle richieste per la discesa. Dovete disegnare una traiettoria durante la curva e tagliare verso il cordolo più che potete.

- Sterzate con le mani sulla parte inferiore del manubrio.
- Guardate la curva e stabilite come impostarla.
- Spingete leggermente il manubrio in direzione della curva.
- Raddrizzate la gamba esterna e premete il piede sul pedale.
- Premete sul tubo superiore con il ginocchio della gamba interna.

come sterzare meglio

Trasferite il peso indietro sulla sella

aiuto! non riesco a sterzare

Se avete difficoltà a sterzare, ci sono due cose da fare.

1 Createvi una linea immaginaria che attraversa la curva. Entrate in curva quasi dal centro della strada e seguite una linea che vi porti vicino al cordolo sul vertice della curva: ci passerete più veloci. Altrimenti, seguite la ruota del corridore in testa.

2 Non dovete né frenare né sterzare. Mantenete il peso in equilibrio e lasciate che la velocità vi guidi attraverso la curva.

spostando il sedere e tenendo basso il corpo. Mentre vi avvicinate, indirizzate dolcemente la bici lontana dalla curva, quindi tagliate verso l'interno.

come fare uno scatto

Passate a un rapporto più duro, alzatevi dalla sella con le mani sulla parte inferiore del manubrio e cominciate a pedalare con vigore. Appena iniziate a ingranare, cambiate rapporto. Mantenete il peso sulla ruota posteriore e tirate con ciascuna mano mentre spingete il piede corrispondente sul pedale, senza

aiuto! non riesco a scattare

Se avete difficoltà nello scattare, ci sono due cose da fare.

1 Seguite la ruota del miglior velocista e cercate di sorpassarlo all'ultimo momento.

2 Iniziate a spingere un po' prima. Aumentate l'andatura come nell'ultimo chilometro di una gara a cronometro e sperate che nessuno vi raggiunga.

raddrizzare completamente le gambe mentre pedalate. Mantenete la testa bassa, guardando però in avanti. Quando raggiungete la velocità ottimale, sedetevi e pedalate più che potete. Respirate in modo regolare.

come allenarsi per lo scatto

- Durante l'inverno rafforzate le gambe facendo pesi e scatti in salita.
- Aumentate la vostra velocità facendo lunghi scatti di 60 secondi alternati a lunghi recuperi.
- Abituatevi agli scatti su circuito facendone alcuni brevi di 10 secondi, su rettilinei, intervallati da pause, in cui smettete di pedalare fin quasi a fermarvi, prima del successivo scatto.

da soli

Andare in bici da soli è differente che andare in gruppo. Non si hanno supporti e ci si riposa solo in discesa. Ma per molti essere soli – in particolare fare gare a cronometro – è l'unico modo per misurare le proprie capacità.

come fare

Correre da soli implica velocità sostenuta e buona aerodinamica. Spesso i corridori delle cronometro hanno biciclette con ruote speciali e manubri su cui poggiare gli avambracci, che migliorano l'aerodinamicità. Hanno anche elmetti speciali, completi da gara aderenti e calzini di lycra sulle scarpe.

Anche i corridori da strada spesso assumono posizioni più aerodinamiche con le mani sulla parte inferiore del

aiuto, la cronometro!

Alcuni corridori si scavano la fossa da soli spremendosi per lunghi periodi. Di seguito sono indicati due modi per migliorare le pedalate in solitaria.

1 Non fossilizzatevi su un unico rapporto non tenendo conto delle variazioni del tragitto. Invece, concentratevi sul mantenimento dello stesso ritmo, cambiando rapporto quando necessario.

2 Scegliete tragitti più ondulati. Dovrete lavorare duro sulle salite, ma diverrete anche abili in discesa.

come allenarsi per la corsa in solitaria

Non c'è alcun segreto per correre da soli: è tutta questione di esercizio. Dunque montate sulla bicicletta e via! Qui a destra ci sono alcune informazioni che vi aiuteranno a migliorare velocemente e a evitare alcuni trabocchetti.

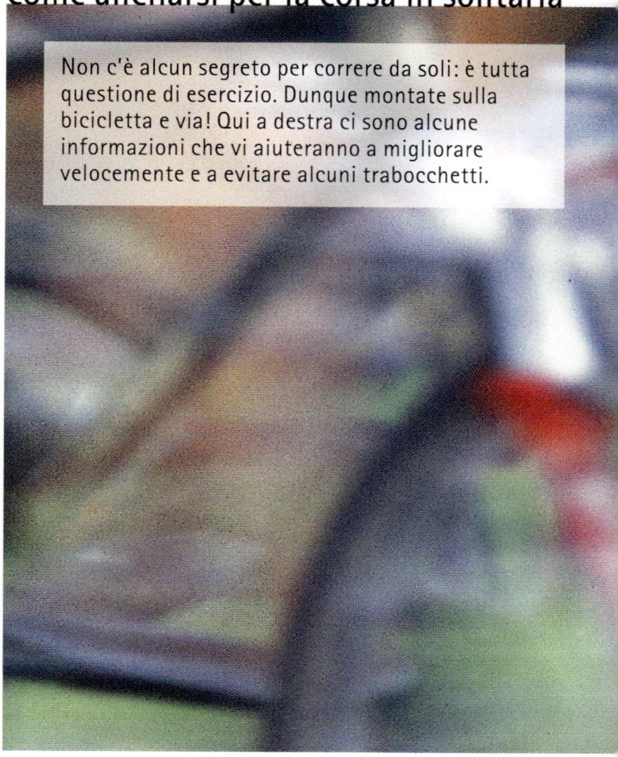

manubrio, le braccia piegate e il corpo pigiato sul telaio. Ma al di là della posizione del corpo, correre da soli è sempre più difficile.

quanto difficile?

La risposta è semplice: la difficoltà dipende dalle vostre capacità e dalla distanza da percorrere. Comunque, usate un rapporto agile e riscaldatevi prima di ogni prova a cronometro e alla fine fate stretching.

come pedalare meglio

Lavorate sulla vostra concentrazione e siate convinti di poter progredire. Ricordatevi di correre solo quando avrete imparato ad andare molto bene in bicicletta e imponetevi di pedalare agevolmente.

Resistete all'impulso di fare uno scatto per non perdere terreno e non lasciate che il passo rallenti quando la stanchezza inizia a prendere il sopravvento.

1. Se vi capita di allenarvi in gruppo portatevi in testa ogni volta che ne avete l'opportunità.

2. Durante l'allenamento solitario date il meglio di voi stessi.

3. Concentratevi sugli esercizi di velocità con brevi recuperi. Avete bisogno di mantenere l'andatura anche quando la pedalata diviene pesante.

4. Prolungate gradualmente la distanza da percorrere negli esercizi di velocità di fine settimana fino a correre una breve cronometro, oppure, a metà settimana, fate brevi cronometro al posto degli esercizi di velocità.

mantenersi in forma

consiglio...

L'allenamento al coperto procura al vostro corpo un grande sforzo fisico e mentale. Riducete le sessioni di allenamento di due o tre quarti di tempo e sfruttate il tempo rimanente per fare stretching.

Andare in bicicletta è un'attività che si svolge all'aperto, con il vento tra i capelli e il sole in faccia. Ma non sempre è possibile svolgerla così. Alcune giornate non sono fatte per pedalare a causa di pioggia, strade ghiacciate o vento forte.

Ma ciò non significa che non possiate pedalare. Esistono tre attrezzi per l'allenamento al coperto.

CYCLETTE

Anche se spesso si improvvisa come appendi abiti, una cyclette con una resistenza regolabile e programmi di allenamento è un buon investimento. Alcune hanno anche un programma di gara che imita i cambi di rapporto. Controllate che la posizione e la pedalata siano molto vicine a quelle che adottate su strada.

Ottimo per l'allenamento in palestra.

RULLI

Il modo più semplice per allenarsi al coperto. I rulli sono cilindri, uno dei quali si trova sotto la ruota anteriore, mentre gli altri due sostengono la ruota posteriore. I cilindri simulano l'attrito di una strada pianeggiante. Mettete la bicicletta in equilibrio sui rulli e pedalate come solito. Fate attenzione: all'inizio potrebbe risultare difficile.

Ottimo per migliorare l'equilibrio e la tecnica di pedalata.

linee guida

Alternative di allenamento al coperto.

Fate lunghi allenamenti alternando le tecniche.
Fate 10 sollevamenti sui pedali in 1 minuto in modo da incrementare gradualmente la vostra pedalata prima di mettervi sulla sella, oppure cercate di pedalare agilmente usando una sola gamba (tenete l'altro piede su una sedia vicina). Potreste anche cercare di pedalare con gli occhi chiusi per accrescere la sensazione di fluidità del movimento.

Fate esercizi sul tempo, con sessioni intense, e lavorate sulla velocità come se foste in strada. Fate sessioni a piramide (aumentando progressivamente la durata da 1 a 5 minuti, con pause di 1 minuto) o utilizzate la musica ad alto volume per motivarvi.

Durante la sessione alzate leggermente la ruota davanti per simulare una scalata. Per completare la simulazione, regolate l'attrito e cambiate rapporto.

INDOOR TRAINER

Chiamato anche turbo trainer, è un supporto a forma di A che blocca la ruota posteriore e mantiene la bicicletta in posizione su un cilindro. Alcune versioni simulano la pedalata in salita e con vento contrario. Possono essere correlati di computer che controlla la velocità, il ritmo, la potenza sviluppata e le calorie bruciate.

Ottimo per un duro allenamento.

ALTRI ACCORGIMENTI PER L'ALLENAMENTO AL COPERTO

Potreste avere molto caldo e sudare durante gli allenamenti al coperto, dunque ricordare ciò che segue portebbe esservi di aiuto.

- Bevete una bottiglia d'acqua più del normale.
- Sistemate un asciugamano sulla vostra bicicletta per proteggerla dal sudore.
- Usate un asciugamano per asciugarvi durante le pause.
- Utilizzate un ventilatore per rinfrescarvi.
- Potreste anche prendere in considerazione l'idea di sistemare l'attrezzo per l'allenamento in garage o in giardino, sotto una tettoia.

i pesi

Ricordatevi di fare riscaldamento e di mantenere le gambe in movimento con 15 minuti di spinning prima e dopo l'allenamento. Per risparmiare tempo potreste arrivare e andare via dalla palestra facendo una corsa.

I ciclisti professionisti hanno in genere le gambe muscolose e la parte superiore del corpo più esile, sebbene non ne trascurino il rafforzamento. Anche voi occupatevi di questa parte del corpo. Un allenamento regolare rafforza e mantiene in forma. Un allenamento specifico con i pesi durante l'inverno vi renderà corridori più forti e veloci. Il seguente programma di 30 minuti può essere eseguito al posto di due giri defaticanti in bici.

squat

Posizionatevi con i piedi alla larghezza delle spalle e i manubri ai fianchi. Con la testa che guarda in avanti e la schiena diritta, piegatevi sulle ginocchia finché il retro delle cosce non è quasi parallelo al pavimento. Espirate e spingete la schiena in su alla posizione iniziale e ripetete.

stacchi da terra

Posizionatevi con i piedi alla larghezza delle spalle con i manubri davanti alle cosce (i palmi verso di voi). Con le braccia in giù, la testa che guarda in avanti e la schiena diritta, piegate le ginocchia finché il retro delle cosce non è parallelo al pavimento. Espirate e spingete la schiena in su, contemporaneamente alzate leggermente le spalle. Ripetete.

i pesi più importanti

Per allenare la forza di pedalata fate esercizi come gli squat, gli stacchi da terra, i sollevamenti su panca e i movimenti del rematore. Esercitatevi partendo da 3 serie e arrivate a 6 da 8 ripetizioni con pesi pesanti. Fate 1 minuto di pausa tra le serie.
Per migliorare la forma generale fate gli esercizi divisi in 2 o 3 serie da 12-15 ripetizioni con pesi medi. Fate 30 secondi di pausa tra le serie.

sollevamenti sulla panca »

Stendetevi sulla schiena con i manubri in linea con il petto e le braccia stese in alto. Inspirate e lentamente portate i pesi fino a toccare il petto. Espirate mentre spingete i pesi nella posizione iniziale, evitando di farli oscillare o urtare fra loro.

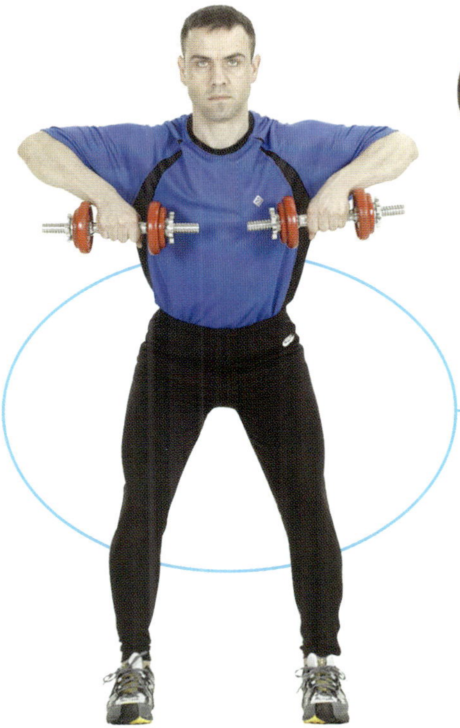

« rematore

Piegate leggermente le ginocchia e sporgetevi in avanti, tenendo la schiena dritta. Lasciate che le braccia penzolino verso il pavimento, tenendo i manubri ben stretti. Tirate in su i pesi, piegando le braccia finché i pesi non toccano il petto e i gomiti non puntano al soffitto. Quindi abbassate lentamente e ripetete.

stretching

Seguire corsi di discipline che prevedono esercizi di stretching, come yoga e pilates, rappresenta un buon modo per rendere più completo l'allenamento. Ma state attenti a non stirarvi.

I muscoli rigidi si infortunano molto facilmente e sono meno reattivi quando si pedala. Dovete abituarvi a fare esercizi di stretching dopo ogni uscita. Gli esercizi mostrati di seguito sono ideali. Mantenete ogni posizione dai 30 ai 45 secondi e ripetetela per entrambe le gambe. Ma assicuratevi di non tirare i muscoli più del necessario.

gastrocnemio

Fate un passo in avanti in posizione di affondo e spingete il tallone della gamba posteriore sul pavimento, tenendola dritta. Sentirete tendersi la parte alta del polpaccio.

collo dolorante?

La posizione che si tiene in bici può procurare mal di collo. Per alleviarlo, provate questi esercizi.

1. Lentamente alzate lo sguardo al cielo, spingendo il mento in fuori.
2. Piegate la testa in giù finché il mento tocca il petto. Posizionate le mani sulla testa e lasciate che il loro peso tenda il retro del collo.
3. Guardate in avanti, dopo giratevi e guardate oltre la spalla destra, il più lontano possibile. Ripetete sulla sinistra.
4. Guardate in avanti, dopo inclinate la testa a destra (premete leggermente con la mano per aumentare l'inclinazione). Ripetete sulla sinistra.

quadricipiti

Rimanete su una gamba (ben saldi, con una mano su una parete se necessario). Piegate l'altra gamba finché il tallone raggiunge il sedere. Impugnate la caviglia e spingete il bacino in avanti fino a sentire tensione nella parte anteriore della coscia.

tendini rotulei

Sedetevi sul pavimento con una gamba dritta in avanti e l'altra piegata con il piede contro il ginocchio della gamba tesa. Allungatevi in avanti verso il piede, tenendo la schiena dritta. Sentirete tensione nella parte posteriore del ginocchio della gamba tesa.

1 livello di partenza 1

Se siete propio agli inizi, dovreste partire da qui. Le cose più importanti da fare in questo primo mese sono: diventare abili nell'andare in bici e godere della nuova attività. Il primo traguardo è riuscire ad andare in bicicletta per un'ora senza mai fermarsi. All'inizio sembrerà impossibile ma in breve noterete che la vostra resistenza aumenterà notevolmente. Se siete abbastanza forti potreste cercare di andare oltre, ma non c'è fretta. Allenatevi a seconda della vostra frequenza cardiaca. Per questo e per il livello di sforzo delle diverse sessioni si vedano pp. 42-43.

partire

- Prendetela con calma: puntate a terminare ogni sessione con la sensazione che potreste fare di più.
- Ma non troppo: andate con prudenza (si veda p. 42) e non spingete.
- Scegliete strade tranquille o di campagna (si veda 'la scelta del luogo' nella pagina a fianco).
- Portate un misuratore di frequenza cardiaca.
- Usate un rapporto leggero ma veloce invece di uno pesante e lento.
- Godetevela! Andare in bicicletta dovrebbe essere divertente.

SETT.	LUNEDÌ	MARTEDÌ
1	10 min molto blandi (fate pratica a stare in bicicletta)	10 min di fondo
2	riposo	15 min di fondo
3	riposo	20 min di fondo
4	riposo	30 min di fondo

cosa faccio... se sono molto forte?

Ci sono persone per natura più vigorose di altre. Ognuno ha il proprio livello di forza e per alcuni correre a 25-30 km/h non è un problema. Se siete tra i fortunati, questo mese non vi sembrerà una sfida. Tuttavia sopravvalutare le proprie capacità e spingersi oltre è un errore comune tra i nuovi corridori. Dunque controllate il vostro sforzo (utilizzare un cardiofrequenzimetro è un buon modo per monitorare la vostra andatura, si vedano pp. 40-41) e non bruciatevi.

la scelta del luogo

Una delle cose più importanti da fare è valutare bene il tragitto da compiere durante l'allenamento. Più altopiani, colline e montagne dovete scalare, più duro sarà l'allenamento. Allo stesso modo, più c'è traffico, più l'allenamento diviene pericoloso.

All'inizio è meglio scegliere strade che siano ragionevolmente pianeggianti o, al massimo, leggermente ondulate (si veda p. 45 per i dettagli nella descrizione di una strada). Altrimenti la pedalata sarà più dura e avrete la tentazione di mollare.

MERCOLEDÌ	GIOVEDÌ	VENERDÌ	SABATO	DOMENICA
riposo	10 min di fondo	riposo	riposo	20 min di resistenza
riposo	25 min di fondo	riposo	15 min di fondo	30 min di resistenza
riposo	30 min di fondo	riposo	20 min di fondo	45 min di resistenza
riposo	45 min di fondo	riposo	riposo	60 min di resistenza

2

livello di partenza 2

I due programmi di questo livello sono fatti per corridori che riescono a stare in bicicletta per un'ora e sentono di 'appartenere' alla bicicletta. Dopo aver portato a termine con successo il livello di partenza 1 dovreste utilizzare questi programmi adatti per pedalare un po' più a lungo e andare un po' più lontano. I principianti dovrebbero, comunque, iniziare con il livello di partenza 1.

settimana 2 – come sta andando?

Prendetevi un momento alla fine della seconda settimana per esaminare i progressi. Se vi sentite stanchi o avete dolori, potreste rallentare il programma ripetendo gli esercizi di ogni settimana una seconda volta. Molti corridori sentono di non farcela e iniziano a scoraggiarsi. Da qui a mollare tutto, rinunciando alla libertà e alla gioia regalate dalla bicicletta, il passo è breve. Abbiate un po' di fiducia in voi stessi e continuate a pedalare: le cose andranno meglio.
Se non avete problemi e tutto sembra facile, non siate troppo sicuri di voi e non iniziate a forzare la mano perché sentite di poterlo fare. La lentezza e la calma sono le chiavi del successo.

consiglio...

Un buon espediente quando si lavora sulla resistenza per la prima volta è quello di concentrarsi soltanto su di essa. Dunque non lavorate con una intensità maggiore di quella suggerita (si vedano pp. 42-43). Cercate di godere del paesaggio e della libertà che la bicicletta vi offre.

raddoppiare?

Il programma che troverete qui di seguito è progettato per lavorare sulla resistenza e portarvi a stare in bicicletta fino a 2 ore in sole 4 settimane, mentre il secondo presenta allenamenti diversificati. Dovrete correre per 4 giorni a settimana.

SETT.	LUNEDÌ	MARTEDÌ
1	riposo	45 min di resistenza
2	riposo	50 min di resistenza
« come sta andando?		
3	riposo	60 min di resistenza
4	riposo	60 min di resistenza

ripetere il programma

Se volete rimanere su questo programma per 1 mese o 2 in più prima di proseguire, sentitevi liberi di farlo. È pensato per poter essere ripetuto e costituisce un eccellente programma di base da seguire durante l'inverno per i nuovi corridori. Ma se decidete di ripeterlo, cercate di aggiungere 5 minuti a ogni uscita. Tutto questo aumenterà la vostra resistenza.

MERCOLEDÌ	GIOVEDÌ	VENERDÌ	SABATO	DOMENICA
riposo	45 min di resistenza	riposo	15 min di riscaldamento, 20 min di fondo, 5-15 min defaticanti	60 min di resistenza
riposo	50 min di resistenza	riposo	15 min di riscaldamento, 20-30 min di fondo, 5-15 min defaticanti	75 min di resistenza
riposo	60 min di resistenza	riposo	15 min di riscaldamento, 25-30 min di fondo, 5-15 min defaticanti	90 min di resistenza
riposo	15 min di riscaldamento, 25-30 min di fondo, 5-15 min defaticanti	riposo	riposo	2 h di resistenza

▸▸

2

livello di partenza 2

Quando non avrete problemi nell'andare in bicicletta per 2 ore a un buon passo, potrete iniziare a pensare di aggiungere agli allenamenti un programma di corsa veloce. La corsa può essere fatta in due modi. È possibile correre per l'intera uscita. Ci riescono però soltanto corridori allenati e di una certa esperienza. È meglio, in particolare per i principianti, dividere l'allenamento in blocchi intervallati da momenti di recupero, intervalli di riposo (si veda p. 43). Potrebbe essere impegnativo, ma è il modo più efficace per diventare più forti e veloci.

a quale andatura?

Potrebbe essere difficile stabilire gli intervalli di recupero. Se andate forte all'inizio potreste essere in difficoltà alla fine. Allo stesso modo non dovete fare un allenamento troppo leggero.

- Procedete come credete durante il primo tentativo; la frequenza cardiaca sarà in ritardo rispetto al carico di lavoro.
- Controllate il vostro sforzo con la frequenza cardiaca, non con la velocità. Lo sforzo deve rimanere costante mentre la velocità può variare a seconda del vento, delle pendenze e del manto stradale.
- Iniziate ogni ripetizione del percorso lentamente e aumentate l'andatura quando vi sentite pronti.
- Spingete forte alla fine dell'ultimo giro senza strafare. Terminate l'allenamento con il sentore di poter affrontare un ultimo sforzo, nonostante abbiate lavorato duro.

SETT.	LUNEDÌ	MARTEDÌ
1	riposo	15 min di riscaldamento, 30 min di fondo, 5-15 min defaticanti
2	riposo	15 min di riscaldamento, 30 min di fondo, 5-15 min defaticanti
3	riposo	15 min di riscaldamento, 30 min di fondo, 5-15 min defaticanti
4	riposo	60 min di resistenza

miglior tempo

Il test alla fine della settimana 4 vi darà un'idea delle vostre nuove capacità.

- Pianificate un percorso pianeggiante di 8 km. Utilizzate strade con poco traffico e completate il percorso con la luce del giorno.
- Riscaldatevi spingendo un rapporto leggero per 15-20 minuti.
- Quando raggiungete l'inizio del percorso stabilito, pedalate fino al punto di partenza e iniziate.
- Pian piano, nei primi minuti, poi aumentate l'andatura.
- Mantenete costante lo sforzo per tutto il percorso, cambiando rapporto se necessario.
- Cercate di aumentare un po' l'andatura nei minuti finali.
- Registrate il tempo, la velocità, la media e il numero massimo di battiti cardiaci.
- Congratulatevi con voi stessi per il risultato.

Ripetete questo test ogni mese oppure ogni 2 per avere prova dei miglioramenti. Con l'aumentare della vostra forma e della vostra esperienza, potrete eseguire il test su un percorso di 16 km.

MERCOLEDÌ	GIOVEDÌ	VENERDÌ	SABATO	DOMENICA
riposo	15 min di riscaldamento, 6 x 1 min di velocità con recuperi da 2 min, 15 min di defaticamento	riposo	30-45 min defaticanti	60 min di resistenza
riposo	15 min di riscaldamento, 5 x 2 min di velocità con recuperi da 2 min, 15 min defaticanti	riposo	30-45 min defaticanti	75 min di resistenza
riposo	15 min di riscaldamento, 4 x 3 min di velocità con recuperi da 3 min, 15 min defaticanti	riposo	30-45 min defaticanti	90 min di resistenza
riposo	15 min di riscaldamento, 6 x 1 min di velocità con recuperi da 2 min, 15 min defaticanti	riposo	riposo	**test a tempo su 8 km**

3 livello di ripresa

A questo punto avete terminato i livelli di partenza. Vi sentite a vostro agio sulla bicicletta per circa un'ora, diverse volte a settimana e in alcuni giorni anche più a lungo. Cercate nuove sfide ma avete ancora timore a competere con il club locale di ciclisti. Se state ricominciando a pedalare dopo un paio di mesi di interruzione, potete anche riprendere da qui. Questo programma di 4 settimane ha lo scopo di mantenervi in forma e di prepararvi per l'allenamento invernale. Questo programma in particolare punta a farvi arrivare a correre in un club.

Questo programma prevede regolari intervalli di allenamento. Anzitutto ricordatevi di riscaldarvi. Iniziate con un passo di recupero e gradualmente regolate lo sforzo richiesto dalla sessione principale.

SETT.	LUNEDÌ	MARTEDÌ	MERCOLEDÌ
1	riposo	20 min di riscaldamento, 4 x 4 min cronometrati con recuperi da 2 min, 20 min defaticanti	riposo o 30-45 min di recupero
2	riposo	15 min di riscaldamento, 30-40 min di fondo, 15 min defaticanti	riposo o 30-45 min di recupero
3	riposo	20 min di riscaldamento, 3 x 5 min cronometrati con recuperi da 2 min, 20 min defaticanti	riposo o 30-45 min di recupero
4	riposo	15 min di riscaldamento, 3 x 5 min cronometrati con recuperi da 2 min, 20 min defaticanti	riposo o 30-45 min di recupero

nei club

È molto importante quando si inizia a correre con una associazione ciclistica far capire esattamente quali sono le vostre capacità. L'associazione avrà probabilmente un capitano e magari un allenatore con cui parlare. Aggregatevi a un gruppo di corridori del vostro livello. Una buona associazione dovrebbe avere gruppi suddivisi per velocità. Inseritevi in quello giusto e iniziate facendo amicizia. Non scoraggiatevi se rimanete staccati. Mantenetevi in allenamento e ce la farete.

ripetere il programma

Per aggiungere una sfida in più a questo programma, ripetete le 4 settimane aggiungendo 10 minuti a ogni uscita di fondo o per la resistenza e una ripetizione per ognuna su tempo e velocità.

GIOVEDÌ	VENERDÌ	SABATO	DOMENICA
60 min di resistenza	riposo	15 min di riscaldamento, 30 min di fondo, 15 min defaticanti	da 1 h 30 min a 2 h di resistenza
60-75 min di resistenza	riposo	15 min di riscaldamento, 30 min di fondo, 15 min defaticanti	da 1 h 45 min a 2 h 30 min di resistenza
75 min di resistenza	riposo	15 min di riscaldamento, 30 min di fondo, 15 min defaticanti	da 2 h a 2h 45 min di resistenza o uscita in gruppo (con calma)
60 min di resistenza, inclusi 4 scatti x 15 sec con recuperi da 5 min	riposo	30-45 min di recupero	2 h 30 min di resistenza o uscita in gruppo (con calma)

3

livello di ripresa

Il programma del livello di ripresa vi sfida a compiere i primi lunghi percorsi. In 10 settimane porterà la vostra attuale resistenza fino a 6 ore, equivalenti a 160 km di percorso. Sebbene possa sembrare impossibile,

SETT.	LUNEDÌ	MARTEDÌ
1	riposo o 30 min di recupero	15 min di riscaldamento, 30 min di fondo, 15 min defaticanti
2	riposo	15 min di ricaldamento, 35 min di fondo, 15 min defaticanti
3	riposo	15 min di riscaldamento, 40 min di fondo, 15 min defaticanti
4	riposo	15 min di riscaldamento, 30 min di fondo, 15 min defaticanti
5	riposo	15 min di riscaldamento, 45 min di fondo, 15 min defaticanti
6	riposo	15 min di riscaldamento, 45 min di fondo, 15 min defaticanti
7	riposo	15 min di ricaldamento, 50 min di fondo, 15 min defaticanti
8	riposo	15 min di riscaldamento, 40 min di fondo, 15 min defaticanti
9	riposo	15 min di riscaldamento, 50 min di fondo, 15 min defaticanti
10	riposo	15 min di riscaldamento, 30 min di fondo, 15 min defaticanti

Un tragitto di 160 km si può percorrere in una uscita con gli amici, in un evento organizzato da un'associazione ciclistica o in una corsa su strada. Non solo: la distanza può anche essere alla base di una gara a cronometro.

abbiate fiducia: sarà sorprendente riuscire a percorrere tale distanza. Il programma funziona anche come allenamento di mantenimento nel tardo inverno.

andatura

- Dovrete lavorare sulla vostra andatura di resistenza per raggiungere l'obiettivo dei 160 km. Ciò potrebbe significare, alla domenica, spingere un po' di più, ma non troppo, di quanto abbiate fatto finora.
- Modellerete gradualmente le sessioni di fondo. Pedalate sempre alla stessa intensità.

MERCOLEDÌ	GIOVEDÌ	VENERDÌ	SABATO	DOMENICA
riposo o 30-45 min di recupero	15 min di riscaldamento, 30 min di fondo, 15 min defaticanti	riposo	1 h di resistenza	70 km di resistenza
riposo o 30-45 min di recupero	15 min di riscaldamento, 35 min di fondo, 15 min defaticanti	riposo	1 h 5 min di resistenza	80 km di resistenza
riposo o 30-45 min di recupero	15 min di riscaldamento, 40 min di fondo, 15 min defaticanti	riposo	1 h 10 min di resistenza	90 km di resistenza
riposo o 30-45 min di recupero	15 min di riscaldamento, 4 x 4 min a tempo con recuperi da 2 min, 15 min defaticanti	riposo	1 h di resistenza	80 km di resistenza
riposo o 30-45 min di recupero	15 min di riscaldamento, 45 min di fondo, 15 min defaticanti	riposo	1 h 10 min di resistenza	95 km di resistenza
riposo o 30-45 min di recupero	15 min di riscaldamento, 45 min di fondo, 15 min defaticanti	riposo	1 h 15 min di resistenza	100 km di resistenza
riposo o 30-45 min di recupero	15 min di riscaldamento, 50 min di fondo, 15 min defaticanti	riposo	1 h 20 min di resistenza	110 km di resistenza
riposo o 30-45 min di recupero	15 min di riscaldamento, 3 x 5 min a tempo con 2 min di recupero	riposo	1 h 10 min di resistenza	95 km di resistenza
riposo o 30 min di recupero	15 min di riscaldamento, 50 min di fondo, 15 min defaticanti	riposo	1 h 15 min di resistenza	120 km di resistenza
riposo o 30 min di recupero	15 min di riscaldamento, 30 min di fondo, 15 min defaticanti	riposo	20-30 min di recupero	**160 km**

4 livello intermedio

Una volta raggiunto questo livello, dovreste essere capaci di rimanere per tanto tempo in sella, allenandovi dalle 4 alle 6 volte a settimana per più di 2 ore alla volta.

Dovreste, inoltre, essere capaci di buone accelerazioni. Dovreste sentirvi sicuri, forti e pronti a mettervi alla prova con una gara. I tre programmi di questo livello includono: (a) esercizi base, allenamenti ripetibili che vi permettono di scegliere le gare del vostro livello; (b) percorrere 160 km in un arco di tempo a vostra scelta; e (c) un'introduzione al mondo delle gare a cronometro ad alta velocità.

Potete allenarvi con alcuni amici o con i compagni di club. Ma non spingetevi oltre le vostre capacità. Adattate gli allenamenti a quelli degli altri corridori, ma fate seguire un giorno di riposo o di recupero a ogni giorno di duro lavoro. State al passo della vostra frequenza cardiaca, non dell'andatura degli altri.

SETT.	LUNEDÌ	MARTEDÌ
1	riposo	15 min di riscaldamento, 3 x 8 min di esercizi a tempo con recuperi da 2 min, o 6 x 3 min di scalata con recuperi da 2 min, 15 min defaticanti
2	riposo	15 min di riscaldamento, 40 min di fondo, 15 min defaticanti
3	riposo	15 min di riscaldamento, 3 esercizi a tempo x 8 min con recuperi da 2 min, o 6 scalate x 3 min con recuperi da 2 min, 15 min defaticanti
4	riposo	15 min di riscaldamento, 4 esercizi di velocità x 3 min con recuperi da 2 min, 15 min defaticanti

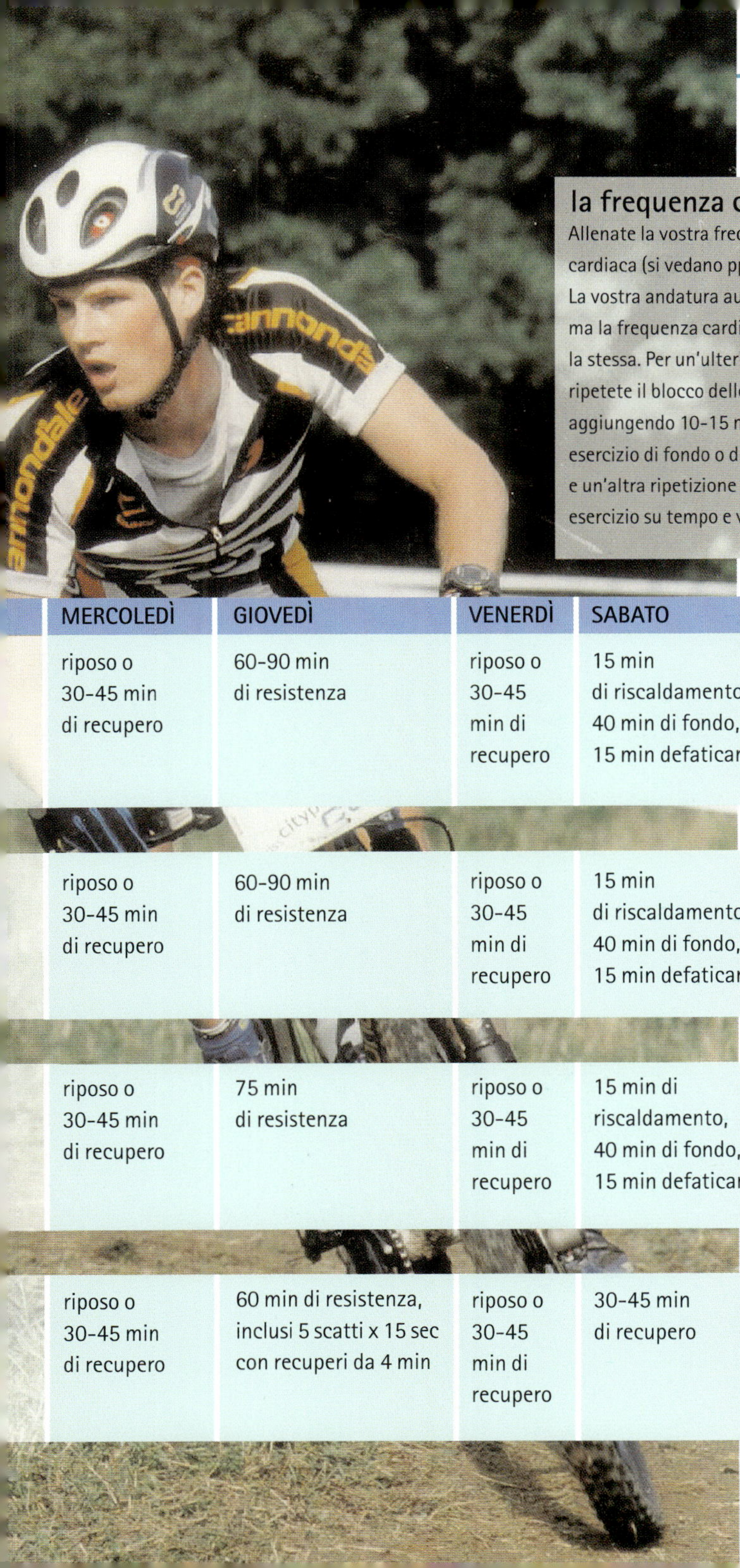

la frequenza cardiaca

Allenate la vostra frequenza cardiaca (si vedano pp. 42-43). La vostra andatura aumenterà, ma la frequenza cardiaca rimarrà la stessa. Per un'ulteriore sfida, ripetete il blocco delle 4 settimane, aggiungendo 10-15 minuti a ogni esercizio di fondo o di resistenza e un'altra ripetizione a ogni esercizio su tempo e velocità.

MERCOLEDÌ	GIOVEDÌ	VENERDÌ	SABATO	DOMENICA
riposo o 30-45 min di recupero	60-90 min di resistenza	riposo o 30-45 min di recupero	15 min di riscaldamento, 40 min di fondo, 15 min defaticanti	da 2 h a 2 h 30 min di resistenza
riposo o 30-45 min di recupero	60-90 min di resistenza	riposo o 30-45 min di recupero	15 min di riscaldamento, 40 min di fondo, 15 min defaticanti	da 2 h a 2 h 45 min di resistenza
riposo o 30-45 min di recupero	75 min di resistenza	riposo o 30-45 min di recupero	15 min di riscaldamento, 40 min di fondo, 15 min defaticanti	da 2 h a 3 h di resistenza
riposo o 30-45 min di recupero	60 min di resistenza, inclusi 5 scatti x 15 sec con recuperi da 4 min	riposo o 30-45 min di recupero	30-45 min di recupero	2 h 30 min di resistenza o di gara

4

livello intermedio (percorrere i 160 km)

Durante questo programma percorrerete tanti chilometri, dunque preparatevi a sentirvi stanchi. Allenatevi con cura e prendete sempre in considerazione un giorno di riposo se necessario.

settimana 4 – come sta andando?

Vi sentite energici? Se volete una sfida più ardua aggiungete 15-30 minuti a ogni uscita di fondo del sabato.

come sta andando?

SETT.	LUNEDÌ	MARTEDÌ	MERCOLEDÌ
1	riposo	15 min di riscaldamento, 4 esercizi a tempo x 6 min con recuperi da 2 min, 15 min defaticanti	riposo o 30-45 min di recupero
2	riposo	15 min di riscaldamento, 4 esercizi a tempo x 6 min con recuperi da 2 min, 15 min defaticanti	riposo o 30-45 min di recupero
3	riposo	15 min di riscaldamento, 3 esercizi a tempo x 8 min con recuperi da 2 min, 15 min defaticanti	riposo o 30-45 min di recupero
4	riposo	15 min di riscaldamento, 5 esercizi sulla velocità x 3 min con recuperi da 2 min, 15 min defaticanti	riposo o 30-45 min di recupero
5	riposo	15 min di riscaldamento, 3 esercizi a tempo x 8 min con recuperi da 2 min, 15 min defaticanti	riposo o 30-45 min di recupero
6	riposo	15 min di riscaldamento, 2 esercizi a tempo x 9 min con recuperi da 2 min, 15 min defaticanti	riposo o 30-45 min di recupero
7	riposo	15 min di riscaldamento, 2 esercizi a tempo x 10 min con recuperi da 2 min, 15 min defaticanti	riposo o 30-45 min di recupero
8	riposo	15 min di riscaldamento, 5 esercizi sulla velocità x 3 min con recuperi da 2 min, 15 min defaticanti	riposo o 30-45 min di recupero
9	riposo	15 min di riscaldamento, 3 esercizi a tempo x 8 min con recuperi da 2 min, 15 min defaticanti	riposo o 30-45 min di recupero
10	riposo	15 min di riscaldamento, 3 esercizi a tempo x 8 min con recuperi da 2 min, 15 min defaticanti	riposo

GIOVEDÌ	VENERDÌ	SABATO	DOMENICA
60-90 min di resistenza	riposo o 30-45 min di recupero	15 min di riscaldamento, 40 min di fondo, 15 min defaticanti	80 km di resistenza
60-90 min di resistenza	riposo o 30-45 min di recupero	15 min di riscaldamento, 45 min di fondo, 15 min defaticanti	90 km di resistenza
60-90 min di resistenza	riposo o 30-45 min di recupero	15 min di riscaldamento, 50 min di fondo, 15 min defaticanti	100 km di resistenza
60 min di resistenza	riposo o 30-45 min di recupero	15 min di riscaldamento, 30 min di fondo, 15 min defaticanti	90 km di resistenza
75-120 min di resistenza	riposo o 30-45 min di recupero	15 min di riscaldamento, 45 min di fondo, 15 min defaticanti	105 km di resistenza
75-120 min di resistenza	riposo o 30-45 min di recupero	15 min di riscaldamento, 50 min di fondo, 15 min defaticanti	110 km di resistenza
75-120 min di resistenza	riposo o 30-45 min di recupero	15 min di riscaldamento, 50 min di fondo, 15 min defaticanti	120 km di resistenza
60 min di resistenza	riposo o 30-45 min di recupero	15 min di riscaldamento, 60 min di fondo, 15 min defaticanti	130 km di resistenza
60-90 min di resistenza	riposo o 30-45 min di recupero	15 min di riscaldamento, 40 min di fondo, 15 min defaticanti	110 km di resistenza
15 min di riscaldamento, 30 min di fondo, 15 min defaticanti	riposo	30-45 min di recupero	160 km

settimana 8 – come sta andando?

Ora dovreste riporre ragionevole fiducia nelle vostre capacità di percorrere i 160 km. Se va tutto bene e vi sentite energici, puntate a percorrere il tragitto all'andatura di fondo. Se avete difficoltà a completarlo in questo modo, potreste adottare l'andatura di resistenza.

come sta andando?

4

livello intermedio (cronometro di 16 km)

Non i lasciatevi impressionare dalla reputazione degli specialisti del cronometro: anche loro sono stati principianti.

SETT.	LUNEDÌ	MARTEDÌ	MERCOLEDÌ
1	riposo	15 min di riscaldamento, 6 x 3 min di corsa in piano con recuperi da 2 min, 15 min defaticanti	riposo o 30-45 min di recupero
2	riposo	15 min di riscaldamento, 6 x 3 min di corsa in piano con recuperi da 2 min, 15 min defaticanti	riposo o 30-45 min di recupero
3	riposo	15 min di riscaldamento, 5 x 4 min di corsa in piano con recuperi da 2 min, 15 min defaticanti	riposo o 30-45 min di recupero
4	riposo	15 min di riscaldamento, 6 x 3 min di corsa in piano con recuperi da 2 min, 15 min defaticanti	riposo o 30-45 min di recupero
come sta andando?			
5	riposo	15 min di riscaldamento, 3 esercizi a tempo x 8 min con recuperi da 2 min, 15 min defaticanti	riposo o 30-45 min di recupero
6	riposo	15 min di riscaldamento, 2 esercizi a tempo x 10 min con recuperi da 2 min, 15 min defaticanti	riposo o 30-45 min di recupero
7	riposo	15 min di riscaldamento, 2 esercizi a tempo x 12 min con recuperi da 5 min, 15 min defaticanti	riposo o 30-45 min di recupero
8	riposo	15 min di riscaldamento, 2 esercizi a tempo x 15 min con recuperi da 5 min, 15 min defaticanti	riposo o 30-45 min di recupero
9	riposo	15 min di riscaldamento, 2 esercizi a tempo x 10 min con recuperi da 10 min, 15 min defaticanti	riposo o 30-45 min di recupero
10	riposo	15 min di riscaldamento, 2 x 3 km a passo di gara con recuperi da 10 min, 15 min defaticanti	riposo

settimana 4 – come sta andando?

Se volete mettere alla prova il vostro passo, fate un test sui 16 km (si vedano pp. 40-41) invece di un'uscita di fondo al sabato e fate un paio d'ore di recupero alla domenica. Ricordate di scaldarvi prima di iniziare (si veda la pagina seguente).

30+ minuti
Non preoccupatevi, è ancora il primo giorno.

30-28 minuti
Buon lavoro, cercate di migliorarvi.

28-25 minuti
Già una buona prestazione.

25 o meno
State volando! Avete talento. Ma non spingete troppo e troppo presto.

il riscaldamento

Ecco 5 buoni consigli per un buon riscaldamento.

- Non affrettare mai un riscaldamento. Cercate di farne uno da 30-60 minuti.
- Mantenetevi idratati durante il riscaldamento. Bevete ogni 5 minuti.
- Spingete un rapporto leggero alla partenza. Sciogliete i muscoli per circa 15 minuti.
- Alzate la vostra frequenza cardiaca di quanto volete, ma solo per brevi momenti (30 o 90 secondi) e con lunghi recuperi.
- Terminate il riscaldamento alla linea di partenza lasciandovi alcuni minuti di rilassamento pre-gara.

GIOVEDÌ	VENERDÌ	SABATO	DOMENICA
15 min di riscaldamento, 3 x 1,5 km a passo di gara con recuperi da 5 min, 15 min defaticanti	riposo o 30-45 min di recupero	15 min di riscaldamento, 40 min di fondo, 15 min defaticanti	da 2 h a 2 h 30 min di resistenza
15 min di riscaldamento, 2 x 3 km a passo di gara con recuperi da 10 min, 15 min defaticanti	riposo o 30-45 min di recupero	15 min di riscaldamento, 40 min di fondo, 15 min defaticanti	da 2 h a 2 h 30 min di resistenza
15 min di riscaldamento, 2 x 5 km a passo di gara con recuperi da 10 min, 15 min defaticanti	riposo o 30-45 min di recupero	15 min di riscaldamento, 40 min di fondo, 15 min defaticanti	da 2 h a 2 h 30 min di resistenza
15 min di riscaldamento, 5 km, 3 km e 1,5 km a passo di gara con recuperi da 10 min, 15 min defaticanti	riposo o 30-45 min di recupero	15 min di riscaldamento, 30 min di fondo, 15 min defaticanti	2 h di resistenza
15 min di riscaldamento, 2 x 6,5 km a passo di gara con recuperi da 10 min, 15 min defaticanti	riposo o 30-45 min di recupero	15 min di riscaldamento, 40 min di fondo, 15 min defaticanti	da 2 h a 2 h 30 min di resistenza
15 min di riscaldamento, 2 x 6,5 km a passo di gara con recuperi da 5 min, 15 min defaticanti	riposo o 30-45 min di recupero	15 min di riscaldamento, 40 min di fondo, 15 min defaticanti	da 2 h a 2 h 30 min di resistenza
15 min di riscaldamento, 2 x 6,5 km a passo di gara con recuperi da 5 min, 15 min defaticanti	riposo o 30-45 min di recupero	15 min di riscaldamento, 40 min di fondo, 15 min defaticanti	da 2 h a 2 h 30 min di resistenza
15 min di riscaldamento, 2 x 6,5 km a passo di gara con recuperi da 5 min, 15 min defaticanti	riposo o 30-45 min di recupero	15 min di riscaldamento, 30 min di fondo, 15 min defaticanti	da 2 h a 2 h 30 min di resistenza
15 min di riscaldamento, 10 km a passo di gara, 15 min defaticanti	riposo o 30-45 min di recupero	15 min di riscaldamento, 40 min di fondo, 15 min defaticanti	2 h di resistenza
15 min di riscaldamento, 40 min di fondo, 15 min defaticanti	riposo o 30-45 min di recupero	riposo	**cronometro di 16 km**

5 livello per esperti 1

I tre programmi di questo livello sono pensati per corridori con una stagione di gare alle spalle. A questo punto dovreste aver costruito le vostre basi, raggiunto una certa velocità e provato alcune gare a cronometro locali e corse di club. Ma potete ancora migliorare. Ancora una volta potete ripetere uno dei

SETT.	LUNEDÌ	MARTEDÌ	MERCOLEDÌ
1	riposo	15 min di riscaldamento, 45 min di fondo, 15 min defaticanti	riposo o 1-2 h di recupero
2	riposo	15 min di riscaldamento, 3 esercizi a tempo x 10 min con recuperi di 5 min, 15 min defaticanti	riposo o 1-2 h di recupero
3	riposo	15 min di riscaldamento, 3 esercizi a tempo x 10 min con recuperi di 5 min, 15 min defaticanti	riposo o 1-2 h di recupero
4	riposo	15 min di riscaldamento, 4 esercizi di velocità x 3 min con recuperi di 2 min, 15 min defaticanti	riposo o 1-2 h di recupero

consiglio...

Se volete correre di domenica, prendetevi il venerdì di completo riposo e il sabato fate 30 minuti di recupero con un rapporto leggero per sciogliere le gambe.

programmi per mantenervi in forma durante l'inverno. Ci sono inoltre programmi di 10 settimane pensati per farvi raggiungere 2 mete specifiche: il primo tentativo di prova a tempo su 40 km e una gara su circuito.

aggiungete una sfida

Come per il programma intermedio, potete aggiungere un ulteriore obiettivo ripetendo il blocco delle quattro settimane con 15-20 minuti in più per ogni uscita di fondo o di resistenza e un'altra ripetizione per gli esercizi su tempo e velocità.

GIOVEDÌ	VENERDÌ	SABATO	DOMENICA
da 1 h a 1 h 30 min di resistenza in salita	riposo o 1 h di recupero	15 min di riscaldamento, 45 min di fondo, 15 min defaticanti	2 h 30 min di resistenza
da 1 h a 1 h 30 min di resistenza in salita	riposo o 1 h di recupero	15 min di riscaldamento, 45-60 min di fondo, 15 min defaticanti	2 h 45 min di resistenza
da 1 h a 1 h 30 min di resistenza in salita	riposo o 1 h di recupero	15 min di riscaldamento, 60 min di fondo, 15 min defaticanti	3 h min di resistenza
1-2 h di resistenza, incluse 2 serie di 3 scatti x 15 sec (qualcuno in salita) con recuperi da 2 min (10-20 min tra le serie)	riposo o 1 h di recupero	riposo o 30-90 min di recupero	3 h 15 min di resistenza o gara

▶▶

5

livello per esperti 1 (cronometro di 40 km)

La cronometro di 40 km è una gara molto apprezzata dai puristi del ciclismo: breve abbastanza per andare a tutta velocità ma lunga al punto da

SETT.	LUNEDÌ	MARTEDÌ	MERCOLEDÌ
1	riposo	15 min di riscaldamento, 3 sforzi in piano x 8 min con recuperi da 2 min, 15 min defaticanti	riposo o 1-2 h di recupero
2	riposo	15 min di riscaldamento, 3 sforzi in piano x 8 min con recuperi da 2 min, 15 min defaticanti	riposo o 1-2 h di recupero
3	riposo	15 min di riscaldamento, 3 sforzi in piano x 8 min con recuperi da 2 min, 15 min defaticanti	riposo o 1-2 h di recupero
4	riposo	15 min di riscaldamento, 3 esercizi di velocità x 5 min con recuperi da 3 min, 15 min defaticanti	riposo o 1 h di recupero
5	riposo	15 min di riscaldamento, 5 esercizi di velocità x 4 min con recuperi da 2 min, 15 min defaticanti	riposo o 1-2 h di recupero
6	riposo	15 min di riscaldamento, 5 esercizi di velocità x 4 min con recuperi da 2 min, 15 min defaticanti	riposo o 1-2 h di recupero
7	riposo	15 min di riscaldamento, 5 esercizi di velocità x 4 min con recuperi da 3 min, 15 min defaticanti	riposo o 1-2 h di recupero
8	riposo	15 min di riscaldamento, 5 esercizi di velocità x 4 min con recuperi da 3 min, 15 min defaticanti	riposo o 1-2 h di recupero
come sta andando?			
9	riposo	15 min di riscaldamento, 5 esercizi di velocità x 3 min con recuperi da 3 min, 15 min defaticanti	riposo o 1-2 h di recupero
10	riposo	15 min di riscaldamento, 5 esercizi di velocità x 3 min con recuperi da 3 min, 15 min defaticanti	riposo

settimana 8 – come sta andando?

Qual è stata la vostra prestazione nella gara a cronometro di 16 km? Se tutto va bene, avete corso almeno al passo della 40 km. Se avete tenuto un'andatura più lenta di 1 minuto, valutate di stabilire un obiettivo più semplice. Se avete corso con il passo della 40 km, vi è sembrato semplice? Riuscireste a mantenere la stessa andatura per più del doppio della distanza? Stabilite i vostri obiettivi in accordo con le vostre prestazioni.

ricompensare solo i ciclisti più preparati. Più o meno un'ora di sforzo ininterrotto! Alcuni trovano la gara noiosa, altri la amano, ma bisogna provarla almeno una volta. Date il massimo nelle sessioni di allenamento e di sabato correte da soli in posizione di gara a cronometro (si vedano pp. 52-53).

GIOVEDÌ	VENERDÌ	SABATO	DOMENICA
15 min di riscaldamento, 5 km a passo di gara x 2 con recuperi da 5 min, 15 min defaticanti	riposo o 30-45 min di recupero	15 min di riscaldamento, 1 h di fondo in salita, 15 min defaticanti	da 2 h 30 min a 3 h di resistenza
15 min di riscaldamento, 6,5 km a passo di gara x 2 con recuperi da 5 min, 15 min defaticanti	riposo o 30-45 min di recupero	15 min di riscaldamento, 1 h di fondo in salita, 15 min defaticanti	da 2 h 45 min a 3 h di resistenza
15 min di riscaldamento, 8 km a passo di gara x 2 con recuperi da 5 min, 15 min defaticanti	riposo o 30-45 min di recupero	15 min di riscaldamento, 1 h di fondo in salita, 15 min defaticanti	3 h di resistenza
15 min di riscaldamento, 1 h di fondo in salita, 15 min defaticanti	riposo o 1 h di recupero	riposo o 30-45 min di recupero	cronometro di 16 km
15 min di riscaldamento, 10 km a passo di gara x 2 con recuperi da 5 min, 15 min defaticanti	riposo o 30-45 min di recupero	15 min di riscaldamento, 3 esercizi cronometrati x 10 min con recuperi da 5 min, 15 min defaticanti	3 h di resistenza
15 min di riscaldamento, 13 km a passo di gara x 2 con recuperi da 5 min, 15 min defaticanti	riposo o 30-45 min di recupero	15 min di riscaldamento, 3 esercizi cronometrati x 10 min con recuperi da 5 min, 15 min defaticanti	3 h di resistenza
15 min di riscaldamento, 13 km a passo di gara x 2 con recuperi da 5 min, 15 min defaticanti	riposo o 30-45 min di recupero	15 min di riscaldamento, 3 esercizi cronometrati x 10 min con recuperi da 5 min, 15 min defaticanti	3 h di resistenza
15 min di riscaldamento, 6,5 km a passo di gara x 2 con recuperi da 5 min, 15 min defaticanti	riposo o 1 h di recupero	riposo o 30-45 min di recupero	cronometro di 16 km
15 min di riscaldamento, 10 km a passo di gara x 2 con recuperi da 10 min, 15 min defaticanti	riposo o 1 h di recupero	riposo o 30-45 min di recupero	cronometro di 16 km (al passo della 40 km)
15 min di riscaldamento, 6,5 km a passo di gara x 2 con recuperi da 5 min, 15 min defaticanti	riposo	30-45 min di recupero	cronometro di 40 km

▶▶

5

» livello per esperti 1 (gara su circuito)

Le gare su circuito sono relativamente brevi e puntano principalmente sulla velocità. Implicano la conoscenza di molte

SETT.	LUNEDÌ	MARTEDÌ	MERCOLEDÌ
1	riposo	15 min di riscaldamento, 4 esercizi per rafforzare l'andatura di resistenza x 15 min, 15 min defaticanti	riposo o 1-2 h di recupero
2	riposo	15 min di riscaldamento, 4 esercizi per rafforzare l'andatura di resistenza x 15 min, 15 min defaticanti	riposo o 1-2 h di recupero
3	riposo	15 min di riscaldamento, 3 esercizi per rafforzare l'andatura di resistenza x 20 min, 15 min defaticanti	riposo o 1-2 h di recupero
4	riposo	15 min di riscaldamento, 5 esercizi di velocità x 4 min con recuperi da 1 min, 15 min defaticanti	riposo o 1-2 h di recupero
« come sta andando?			
5	riposo	15 min di riscaldamento, 3 esercizi per rafforzare l'andatura di resistenza x 20 min, 15 min defaticanti	riposo o 1-2 h di recupero
6	riposo	15 min di riscaldamento, 2 esercizi per rafforzare l'andatura di resistenza x 25 min, 15 min defaticanti	riposo o 1-2 h di recupero
7	riposo	15 min di riscaldamento, 2 esercizi per rafforzare l'andatura di resistenza x 30 min, 15 min defaticanti	riposo o 1-2 h di recupero
8	riposo	15 min di riscaldamento, 2 esercizi per rafforzare l'andatura di resistenza x 30 min, 15 min defaticanti	riposo o 1-2 h di recupero
9	riposo	15 min di riscaldamento, 6 esercizi sulla velocità x 3 min con recuperi di 2 min, 15 min defaticanti	riposo o 1-2 h di recupero
10	riposo	15 min di riscaldamento, 1 h di fondo inclusi 10 scatti x 10 sec con recuperi da 2 min, 15 min defaticanti	riposo

consiglio...

Cercate di allenarvi su un percorso simile a quello di gara. Fate una gran quantità di allenamenti in gruppo ed esercitatevi ad andare a velocità sostenuta durante le curve e su brevi tratti in salita.

settimana 4 – come sta andando?

Questo programma comprende un gran numero di esercizi molto intensi di velocità e scatti. Se vi sentite stanchi o avete le gambe pesanti, riducete la durata delle uscite di recupero oppure riposate. Fate stretching e sedute di massaggi per rilassarvi.

tecniche come quella di piega in curva e di scatto in salita. Il passo varia diverse volte durante la gara passando dai 30 km/h, ai 40 km/h negli attacchi.

GIOVEDÌ	VENERDÌ	SABATO	DOMENICA
15 min di riscaldamento, 1 h di fondo inclusi 6 scatti x 15 sec con recuperi da 5 min, 15 min defaticanti	riposo o 1 h di recupero	15 min di riscaldamento, 1 h di fondo in salita, 15 min defaticanti	da 2 h 30 min a 3 h di resistenza
15 min di riscaldamento, 1 h di fondo inclusi 6 scatti in salita x 10-20 sec con recuperi da 5 min, 15 min defaticanti	riposo o 1 h di recupero	15 min di riscaldamento, 1 h di fondo in salita, 15 min defaticanti	da 2 h 45 min a 3 h di resistenza
15 min di riscaldamento, 1 h di fondo inclusi 10 scatti x 10 sec con recuperi da 2 min, 15 min defaticanti	riposo o 1 h di recupero	15 min di riscaldamento, 1 h di fondo in salita, 15 min defaticanti	3 h di resistenza
15 min di riscaldamento, 1 h di fondo inclusi 6 scatti x 20-30 sec con recuperi da 10 min, 15 min defaticanti	riposo o 1 h di recupero	riposo o 30-45 min di recupero	2 h 30 min di resistenza o crono di 16 km (con normale bici da corsa)

15 min di riscaldamento, 1 h di fondo inclusi 2 serie di 5 scatti x 15 sec con recuperi da 2 min (lasciate passare 10-15 min tra le serie), 15 min defaticanti	riposo o 1 h di recupero	30 min di riscaldamento, 30 min a tempo in gruppo, 30 min defaticanti	3 h di resistenza
15 min di riscaldamento, 1 h di fondo inclusi 6 scatti x 15-20 sec con recuperi da 2 min (alternate il rapporto più leggero con il più pesante), 15 min defaticanti	riposo o 1 h di recupero	30 min di riscaldamento, 35 min a tempo in gruppo, 30 min defaticanti	3 h di resistenza
15 min di riscaldamento, 1 h di fondo incluse 2 serie di 5 scatti x 10 sec (quasi da fermo) con recuperi da 2 min (lasciate passare 10-15 min tra le serie), 15 min defaticanti	riposo o 1 h di recupero	30 min di riscaldamento, 40 min a tempo in gruppo, 30 min defaticanti	3 h di resistenza
15 min di riscaldamento, 1 h di fondo inclusi 6 scatti x 20-40 sec in salita, 15 min defaticanti	riposo o 1 h di recupero	riposo o 30-45 min di recupero	crono di 16 km (con normale bici da corsa)
15 min di riscaldamento, 1 h di fondo inclusi 10 scatti x 10 sec con recuperi da 2 min (lasciate passare 10-15 min tra le serie), 15 min defaticanti	riposo o 1 h di recupero	15 min di riscaldamento, 30 min a tempo in gruppo, 15 min defaticanti	3 h di resistenza
15 min di riscaldamento, 30 min di fondo, 15 min defaticanti	riposo	30-45 min di recupero	**gara su circuito**

6 livello per esperti 2

Quando comincerete a gareggiare spesso, vi sembrerà di sapere tutto. Non è così. C'è sempre la possibilità di migliorare. Finora tutti i programmi (all'infuori di quelli ripetibili) si sono focalizzati sul raggiungimento di un singolo obiettivo. È un buon modo per migliorare, ma non come corridore. Nelle gare le variabili che possono fare andare male le cose sono molte: una giornata storta, una curva fatta male,

allenare i punti deboli

Se siete velocisti e migliori in piano, fate degli allenamenti con rapporti più pesanti, su strade in salita e lavorate sulla velocità di scalata. Se volate in salita ma avete difficoltà nello scatto, fate del lavoro specifico con sprint e brevi recuperi.

una sfida in più

Come per i precedenti livelli, affrontate un'ulteriore prova ripetendo il programma di 4 settimane e aggiungendo 15-30 minuti a ogni uscita di fondo o di resistenza e un'ulteriore ripetizione a ogni esercizio su tempo e velocità.

	LUNEDÌ	MARTEDÌ
SETT. 1	riposo	15 min di riscaldamento, 1-2 h di fondo, 15 min defaticanti
SETT. 2	riposo	15 min di riscaldamento, 6 esercizi di velocità x 3 min con recuperi da 2 min, 15 min defaticanti
SETT. 3	riposo	15 min di riscaldamento, 4 esercizi sul tempo x 10 min con recuperi da 5 min, 15 min defaticanti
SETT. 4	riposo	15 min di riscaldamento, 6 esercizi sul tempo x 3 min con recuperi da 2 min, 15 min defaticanti

forature o incidenti. Per gareggiare con successo avete bisogno di farlo di frequente, cosa in cui vi aiuteranno queste schede finali. Prendendo in considerazione sia le cronometro, sia le gare su strada, i due programmi da 10 settimane che seguono il primo da 4 sono stati progettati per aiutare l'atleta esperto durante la stagione di gara. Tutti hanno un loro picco finale di prestazione, con obiettivi minori lungo il percorso.

Provate con questi programmi solo se avete una resistenza di oltre 3 ore (costruita durante inverno e primavera) e l'esperienza di una stagione di corsa.

MERCOLEDÌ	GIOVEDÌ	VENERDÌ	SABATO	DOMENICA
riposo o 1-3 h di recupero	2-3 h di resistenza in salita	riposo o 1-2 h di recupero	15 min di riscaldamento, 60 min di fondo, 15 min defaticanti	3 h di resistenza
riposo o 1-3 h di recupero	2-3 h di resistenza in salita	riposo o 1-2 h di recupero	15 min di riscaldamento, 60-75 min di fondo, 15 min defaticanti	3 h 30 min di resistenza
riposo o 1-3 h di recupero	2-3 h di resistenza in salita	riposo o 1-2 h di recupero	15 min di riscaldamento, 60-90 min di fondo, 15 min defaticanti	4 h di resistenza
riposo o 1-3 h di recupero	2 h di resistenza incluse 2 serie di 4 scatti (alcuni in salita) x 15 sec con recuperi da 2 min, 15 min tra le serie	riposo o 1 h di recupero	riposo o 30-60 min di recupero	4 h di resistenza o gara

▸▸

6

settimana 4 – come sta andando?

State andando oltre l'ora nella prova sui 40 km e i 24 minuti in quella sui 16? Se accade ciò, vale la pena acquistare più velocità. Una bicicletta da cronometro su misura, con ruote aerodinamiche può farvi risparmiare 30 secondi sulla 16 km. Può essere una buona scelta, anche se parecchio costosa!

consiglio...

Gli sforzi richiesti sono molti. Non allenatevi usando rapporti leggeri e fate brevi sessioni nei giorni di recupero. Fate solo una gara a settimana.

livello per esperti 2 (cronometro)

SETT.	LUNEDÌ	MARTEDÌ	MERCOLEDÌ
1	riposo	15 min di riscaldamento, 4 esercizi sul tempo x 10 min con recuperi da 5 min, 15 min defaticanti	riposo o 1-3 h di recupero
2	riposo	30 min di riscaldamento, 6 esercizi di velocità x 3 min con recuperi da 2 min, 30 min defaticanti	riposo o 1-3 h di recupero
3	riposo	30 min di riscaldamento, 5 esercizi di velocità x 4 min con recuperi da 2 min, 30 min defaticanti	riposo o 1-3 h di recupero
4	riposo	15 min di riscaldamento, 4 esercizi sul tempo x 10 min con recuperi da 5 min, 15 min defaticanti	riposo o 1-3 h di recupero
come sta andando?			
5	riposo	30 min di riscaldamento, 6 esercizi di velocità x 4 min con recuperi da 1 min, 30 min defaticanti	riposo o 1-3 h di recupero
6	riposo	30 min di riscaldamento, 5 esercizi di velocità x 5 min con recuperi da 1 min, 30 min defaticanti	riposo o 1-3 h di recupero
7	riposo	30 min di riscaldamento, 5 esercizi di velocità x 5 min con recuperi da 1 min, 30 min defaticanti	riposo o 1-3 h di recupero
8	riposo	30 min di riscaldamento, 4 esercizi di velocità x 6 min con recuperi da 2 min, 30 min defaticanti	riposo o 1-3 h di recupero
9	riposo	15 min di riscaldamento, 5 esercizi di velocità x 3 min con recuperi da 3 min, 15 min defaticanti	riposo o 1-3 h di recupero
10	riposo	15 min di riscaldamento, 5 esercizi di velocità x 10 min con recuperi da 3 min, 15 min defaticanti	riposo

GIOVEDÌ	VENERDÌ	SABATO	DOMENICA
15 min di riscaldamento, 8 km a passo di gara x 2 con recuperi da 5 min, 15 min defaticanti	riposo o 1 h di recupero	15 min di riscaldamento, 1-2 h di fondo, 15 min defaticanti	3-4 h di resistenza
15 min di riscaldamento, 10 km a passo di gara x 2 con recuperi da 5 min, 15 min defaticanti	riposo o 1 h di recupero	riposo o 1 h di recupero	cronometro di 16 km
15 min di riscaldamento, 11 km a passo di prova a tempo da 40 km x 2 con recuperi da 5 min, 15 min defaticanti	riposo o 1 h di recupero	15 min di riscaldamento, 1-2 h di fondo, 15 min defaticanti	3-4 h di resistenza
15 min di riscaldamento, 10 esercizi di velocità x 1 min con recuperi da 2 min, 15 min defaticanti	riposo o 1 h di recupero	riposo o 1 h di recupero	cronometro di 40 km
15 min di riscaldamento, 8 km a passo di prova da 40 km x 2 con recuperi da 5 min, 15 min defaticanti	riposo o 1 h di recupero	15 min di riscaldamento, 1-2 h di fondo, 15 min defaticanti	3-4 h di resistenza
15 min di riscaldamento, 14,5 km a passo di prova da 40 km x 2 con recuperi da 5 min, 15 min defaticanti	riposo o 1 h di recupero	30 min di riscaldamento, 35 min sul tempo in gruppo, 30 min defaticanti	cronometro di 40 km
15 min di riscaldamento, 16 km a passo di prova da 25 km x 2 con recuperi da 5 min, 15 min defaticanti	riposo o 1 h di recupero	15 min di riscaldamento, 1-2 h di fondo, 15 min defaticanti	3-4 h di resistenza
15 min di riscaldamento, 1-2 h di fondo, 15 min defaticanti	riposo o 1 h di recupero	riposo o 1 h di recupero	cronometro di 16 km
15 min di riscaldamento, 13 km a passo di prova da 40 km x 2 con recuperi da 5 min, 15 min defaticanti	riposo o 1 h di recupero	riposo o 1 h di recupero	cronometro di 16 km
15 min di riscaldamento, 8 km a passo di prova da 40 km x 3 con recuperi da 5 min, 15 min defaticanti	riposo	30-45 min di recupero	**cronometro di 40 km**

6

» livello per esperti 2

(andare in fuga: prestazioni su strada)

SETT.	LUNEDÌ	MARTEDÌ	MERCOLEDÌ
1	riposo	15 min di riscaldamento, 2 h di resistenza incluse 2 serie di 4 scatti (alcuni in salita) x 15 sec con recuperi da 2 min, 15 min defaticanti	riposo o 1-3 h di recupero
2	riposo	30 min di riscaldamento, 5 esercizi sul tempo x 4 min con recuperi da 2 min, 30 min defaticanti	riposo o 1-3 h di recupero
3	riposo	30 min di riscaldamento, 45 min di esercizio a cronometro in gruppo, 30 min defaticanti	riposo o 1-3 h di recupero
4	riposo	30 min di riscaldamento, 5 esercizi di velocità x 4 min con recuperi da 2 min, 30 min defaticanti	riposo o 1-3 h di recupero
5	riposo	30 min di riscaldamento, 45 min di esercizio a cronometro in gruppo, 30 min defaticanti	riposo o 1-3 h di recupero
6	riposo	30 min di riscaldamento, 2 esercizi per rinforzare l'andatura di resistenza x 20 min, 30 min defaticanti	riposo o 1-3 h di recupero
7	riposo	30 min di riscaldamento, 45 min di esercizio a cronometro in gruppo, 30 min defaticanti	riposo o 1-3 h di recupero
8	riposo	30 min di riscaldamento, 2 esercizi per rafforzare l'andatura di resistenza x 30 min, 30 min defaticanti	riposo o 1-3 h di recupero
9	riposo	30 min di riscaldamento, 45 min di esercizio a cronometro in gruppo, 30 min defaticanti	riposo o 1-3 h di recupero
10	riposo	2 h di resistenza inclusi 10 scatti x 15 sec con recuperi da 3 min	riposo

settimana 4 – come sta andando?

Se volete fare una buona gara, dovete darvi una strategia. Informatevi quali sono i corridori più veloci. Osservateli nei loro movimenti e quando scattano seguiteli, se potete.

consiglio...

Se vi allenate in gruppo su velocità e scatti, stabilite dei turni per lanciare gli scatti. Chi sta in testa inizia a scattare senza preavviso e tutti gli altri devono inseguire e raggiungere la ruota di chi fugge.

GIOVEDÌ	VENERDÌ	SABATO	DOMENICA
30 min di riscaldamento, 5 esercizi di velocità x 4 min con recuperi da 2 min, 30 min defaticanti	riposo o 1 h di recupero	15 min di riscaldamento, 1 h di fondo in salita, 15 min defaticanti	3-4 h di resistenza
2 h di resistenza incluse 2 serie di 4 scatti (che iniziano al termine di una curva) x 15 sec con recuperi da 2 min, 15 min tra le serie	riposo o 1 h di recupero	riposo o 1 h di recupero	cronometro di 16 km
30 min di riscaldamento, 5 esercizi di velocità x 4 min con recuperi da 2 min, 30 min defaticanti	riposo o 1 h di recupero	15 min di riscaldamento, 1 h di fondo in salita, 15 min defaticanti	3-4 h di resistenza
2 h di resistenza incluse 2 serie di 4 scatti (alcuni in salita) x 15 sec con recuperi da 2 min, 15 min tra le serie	riposo o 1 h di recupero	riposo o 1 h di recupero	gara su circuito
30 min di riscaldamento, 6 esercizi di velocità x 4 min con recuperi da 1 min, 30 min defaticanti	riposo o 1 h di recupero	15 min di riscaldamento, 1 h di fondo in salita, 15 min defaticanti	3-4 h di resistenza
30 min di riscaldamento, 1 h di fondo inclusi 8 scatti (alternando il rapporto più leggero con il più pesante) x 15-20 sec con recuperi da 2 min, 30 min defaticanti	riposo o 1 h di recupero	riposo o 1 h di recupero	gara su circuito
30 min di riscaldamento, 1 h di fondo incluse 2 serie di 5 scatti x 15 sec con recuperi da 2 min (smettete di pedalare fin quasi a fermarvi prima di ogni scatto a distanziate le serie di 10-15 min), 30 min defaticanti	riposo o 1 h di recupero	15 min di riscaldamento, 1 h di fondo in salita, 15 min defaticanti	3-4 h di resistenza
30 min di riscaldamento, 1 h di fondo incluse 2 serie di 4 scatti (alcuni in salita) x 15 sec con recuperi da 2 min, 30 min defaticanti	riposo o 1 h di recupero	riposo o 1 h di recupero	gara su circuito
30 min di riscaldamento, 5 esercizi di velocità x 4 min con recuperi da 2 min, 30 min defaticanti	riposo o 1 h di recupero	riposo o 1 h di recupero	16 km di gara a tempo (con normale bici da corsa)
15 min di riscaldamento, 45 min di esercizio sul tempo in gruppo, 15 min defaticanti	riposo	30-60 min di recupero	**gara su strada**

3

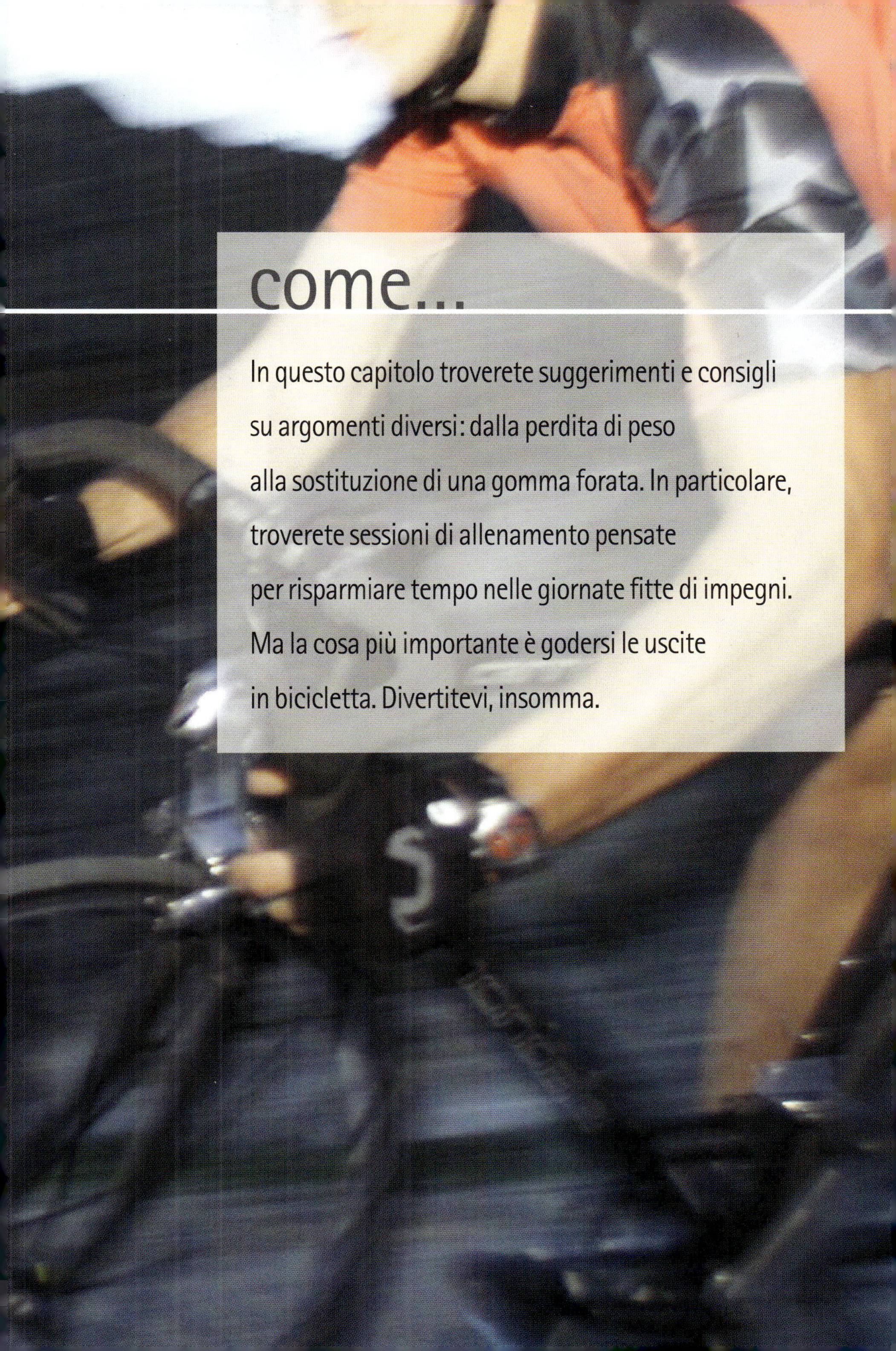

come...

In questo capitolo troverete suggerimenti e consigli su argomenti diversi: dalla perdita di peso alla sostituzione di una gomma forata. In particolare, troverete sessioni di allenamento pensate per risparmiare tempo nelle giornate fitte di impegni. Ma la cosa più importante è godersi le uscite in bicicletta. Divertitevi, insomma.

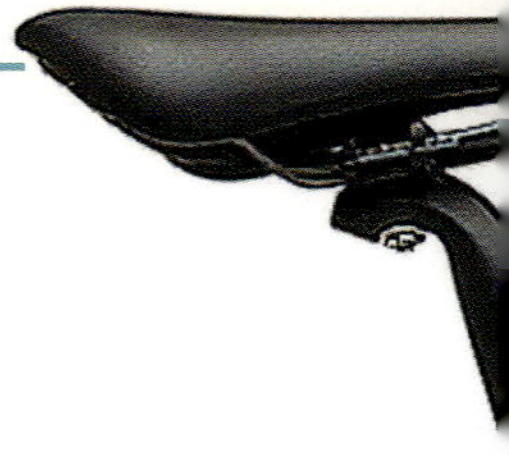

...organizzare il vostro tempo

A causa degli impegni lavorativi e familiari quotidiani può essere difficile trovare il tempo per godere dei piccoli piaceri della vita, come andare in bicicletta. Se volete correre in bicicletta dovrete fare alcuni sacrifici, come rinunciare a qualche ora in più nel letto o alla vostra trasmissione televisiva preferita. Qui ci sono 6 consigli per riuscirci.

1

Svegliatevi prima
L'allenamento mattutino è un ottimo modo di iniziare la giornata, vi tira su e vi dà energia per il prosieguo della giornata (ricordatevi di mangiare prima e dopo l'uscita). In estate l'allenamento mattutino vi permette di evitare i momenti più caldi della giornata. In inverno potete allenarvi nel caldo confortevole di casa sugli attrezzi adatti (si vedano pp. 54-55).

2

Allenatevi a pranzo
Prendete l'abitudine di andare in palestra all'ora di pranzo: potreste fare un'utile sessione di allenamento con i pesi o anche un veloce allenamento a cronometro in bicicletta (15 minuti di riscaldamento, 20 minuti di esercizio sul tempo, 15 minuti defaticanti).

3

Muovetevi in bicicletta
Sfuggite alla tirannia dell'auto e usate la bicicletta per andare a lavorare. Abbinate il percorso all'allenamento. Se iniziate prima l'allenamento, potete fermarvi a casa per prendere la borsa e sfruttare il tragitto verso l'ufficio come esercizio defaticante. Oppure, impiegate il ritorno a casa come riscaldamento.

4

Allenatevi in casa
Se non potete andare in palestra ma volete allenarvi, non preoccupatevi. Utilizzate l'attrezzatura per allenarvi in casa e svolgete gli esercizi di resistenza mentre i bambini guardano la TV o giocano.

5

Concentratevi sulla qualità
Quando c'è poco tempo, sacrificate l'allenamento di recupero e fate uno sforzo per migliorare la qualità delle uscite (esercizi su velocità, a cronometro e così via). Se ciò significa fare allenamenti intensi per 2 giorni consecutivi, svolgete il più pesante per primo (esercizio di velocità) e proseguite con il più semplice poi, prendete un giorno di riposo.

6

Combinate
Un altro modo per dare qualità al vostro allenamento è quello di combinare gli esercizi. La maniera più semplice per farlo consiste nel fare fondo, esercizi su velocità e a cronometro o scatti durante le uscite di resistenza. Ci sono anche altre possibili combinazioni (si veda la pagina a lato).

sessioni per risparmiare tempo

1 cronometro

Fate alcuni prove a cronometro di 5-15 minuti verso la fine della vostra uscita di fondo o resistenza.

2 esercizi di velocità

Fate una sessione a piramide di 1, 2, 3, 4, 5, 4, 3, 2, 1 minuti con recuperi da 2 minuti. Mantenete lo stesso passo fino allo sforzo più lungo (5 minuti). In seguito fate degli sforzi a scalare (fino a 1 minuto) con più intensità.

3 scatti

Fate degli esercizi di velocità aggiungendo uno sprint di 15 secondi alla fine di ogni sforzo (difficile ma molto efficace). Altrimenti fate gli scatti alla fine della vostra uscita di fondo o di resistenza.

4 intensità

Affrontate tutte le salite sul vostro percorso di resistenza con un rapporto per pianura (per esempio, 52:19) a 50-70 rpm (*revolutions per minute*, giri al minuto). Recuperate in discesa e in piano con un rapporto piccolo.

5 tutto in uno

Qui è riportata una sessione di allenamento molto dura che racchiude tutti gli esercizi. Non provate a svolgerla a meno che non abbiate raggiunto il livello quattro nei programmi di allenamento e comunque non eseguitela più di 1 volta ogni 2 settimane: Fate 8 minuti di fondo. Proseguite immediatamente con 6 minuti di esercizio cronometrato. Poi fate 4 minuti di lavoro sulla velocità. Terminate con 2 minuti ad alta intensità fino allo scatto finale di 10 secondi, se avete ancora forza!

...mantenere il peso sotto controllo

La popolazione occidentale è in sovrappeso. La colpa è dei cibi grassi, del lavoro sedentario, dello stare spesso seduti in auto e delle ore passate davanti alla TV. Dunque non c'è da meravigliarsi che la maggior parte della gente valuti l'esercizio fisico come un modo per tenere il peso sotto controllo. Se volete essere ciclisti efficienti, eccovi alcuni consigli.

bruciare le calorie

Nonostante tutte le diete alla moda, gli integratori e gli attrezzi per bruciare il grasso in eccesso, il principio base per perdere peso e tenerlo sotto controllo è semplice: mangiate leggermente meno di quel che riuscite a bruciare. Puntate ad assumere 500 kcal in meno di quelle di cui avete bisogno durante il giorno. Così riuscirete a perdere peso continuando ad andare in bicicletta senza difficoltà. (Per calcolare di quante calorie al giorno avete bisogno, si vedano pp. 26-27.)

avete bisogno di perdere peso?

Il miglior modo per capire se avete bisogno di perdere peso è quello di fare un test sul grasso corporeo. Può essere fatto in palestra o dal medico. Qui classifichiamo le differenti percentuali di grasso corporeo.

Categoria	Donne (% di grasso)	Uomini (% di grasso)
Grasso indispensabile	10-12%	2-4%
Atleti	14-20%	6-13%
In forma	21-24%	14-17%
Accettabile	25-31%	18-25%
Obeso	oltre 32%	oltre 25%

(dall'American Council For Exercise)

controllo del peso

1. Con calma

Dovete mettervi d'impegno per cambiare la vostra alimentazione. Ma non cercate di fare tutto in una volta. Cambiate un elemento a settimana (per esempio, sostituite la cioccolata pomeridiana con un po' di frutta).

2. Non esagerate

Ridurre esageratamente il consumo di cibo potrebbe lasciarvi con pochissime energie per le uscite in bicicletta. Per dimagrire variate quel che mangiate prima della quantità. Siate pazienti e il peso diminuirà.

3. Pianificate il consumo di cibo

Decidete ciò che dovete mangiare ogni mattina, poi seguite il programma. Stabilite ogni mese un obiettivo (per esempio, perdere un chilo e mangiare una insalata ogni sera) e prendetene nota nel vostro diario di allenamento.

4. Pedalate

Gli allenamenti intensi bruciano calorie e rafforzano i muscoli. Allenatevi regolarmente (seguendo i programmi del Capitolo 2) combinandoli con un'alimentazione equilibrata.

5. Mangiate dopo gli allenamenti

Fate il pasto più sostanzioso della giornata subito dopo l'uscita in bici. Le due ore successive sono quelle in cui il vostro corpo ha più bisogno di rifornimento.

6. Mangiate a colazione

Una buona colazione è importante: mette in moto il metabolismo ed evita improvvise voglie di dolci. Cercate di consumare dalle 400 alle 500 kcal cioè una scodella di latte e cereali, o uno yogurt o un po' di frutta.

7. Bevete molta acqua

Un corretta idratazione è vitale per un giusto allenamento. Inoltre è anche un buon modo per controllare il peso perché con uno stomaco pieno di liquidi vi sentirete sazi e liberi dalla sensazione di aver fame.

8. Mangiate di frequente

Gli studi hanno dimostrato che il modo migliore di mangiare è quello di mangiare poco e spesso. Così il livello di zuccheri nel sangue si mantiene costante, prevenendo l'improvvisa voglia di cibo. Puntate a fare 5 o 6 piccoli pasti al giorno.

9. Conoscete voi stessi

È certamente efficace mangiare frequentemente, ma è anche importante sapere quanto mangiare. Non confondete il mangiare spesso con il mangiare di più. Se nei vostri spuntini includete cioccolata e patatine, allora è meglio mangiare sano 3 volte al giorno eliminando questi spuntini.

10. Cenate presto

Cercate di fare una cena leggera diverse ore prima di andare a letto: l'ideale sarebbe non più tardi delle 20.30. Durante la notte il corpo tende a convertire il cibo inutilizzato in grasso.

e infine...

Essere corridori è molto più di quanto descritto in questo libro. Considerate la possibilità di rivolgervi a ciclisti con più esperienza o anche a un allenatore. Però ci sono due cose fondamentali da conoscere.

...come cambiare una gomma

1 Inserite 2 leve nel cerchione della ruota a 10 cm di distanza e agganciatele sotto il bordo della gomma.

2 Premete sulle leve (verso il centro della ruota) finché il bordo della gomma non esce fuori dal cerchione.

3 Ruotate una leva attorno al cerchione per liberare il resto della ruota dalla gomma.

4 Estraete la camera ad aria e sostituitela (portatene sempre con voi una di scorta quando uscite in bicicletta).

5 Gonfiate leggermente la nuova camera ad aria e spingetela all'interno della gomma (inserite prima di tutto la valvola nella ruota).

6 Spingete il bordo della gomma nel cerchione, facendo attenzione a non pizzicare la camera ad aria. Gonfiate la gomma.

... come sembrare un professionista

1 Difficilmente vi capiterà di pedalare di fianco a Lance Armstrong sull'Alp d'Huez nel Tour de France, ma ciò non significa che non possiate cercare di imitare il suo stile. Curate il vostro look. Vi prendete abbastanza cura della vostra bicicletta? Dopo tutto avete speso un sacco di soldi.

2 Ancora, avete depilato le gambe? Per le donne questa è una normale pratica, ma agli uomini può sembrare un po' strano. Le gambe lisce si muovono più facilmente di quelle pelose.
Se decidete di depilarvi, vale la pena chiedere consiglio a una donna: vi darà utili suggerimenti.

3 L'elemento finale per emulare i professionisti consiste nello sviluppare le capacità di controllo della bicicletta. Dopo l'allenamento, esercitatevi a rimanere in equilibrio sui pedali senza muovervi (posizione conosciuta come surplace), pedalate senza mani (potreste diventare tanto abili da riuscire a indossare un impermeabile), e, cosa molto importante, imparate a cadere senza farvi male (rannicchiatevi come durante una capriola).

indice